PYTHON EXTREME DATA SCIENCE

*Do Essencial à Engenharia
Analítica Avançada*

Diego Rodrigues

PYTHON EXTREME
DATA SCIENCE
Do Essencial à Engenharia Analítica Avançada

Edição 2025
Autor: Diego Rodrigues
studiod21portoalegre@gmail.com

Nota Importante

Os códigos e scripts apresentados neste livro têm como principal objetivo ilustrar, de forma prática, os conceitos discutidos ao longo dos capítulos. Foram desenvolvidos para demonstrar aplicações didáticas em ambientes controlados, podendo, portanto, exigir adaptações para funcionar corretamente em contextos distintos. É responsabilidade do leitor validar as configurações específicas do seu ambiente de desenvolvimento antes da implementação prática.

Mais do que fornecer soluções prontas, este livro busca incentivar uma compreensão sólida dos fundamentos abordados, promovendo o pensamento crítico e a autonomia técnica. Os exemplos apresentados devem ser vistos como pontos de partida para que o leitor desenvolva suas próprias soluções, originais e adaptadas às demandas reais de sua carreira ou projetos. A verdadeira competência técnica surge da capacidade de internalizar os princípios essenciais e aplicá-los de forma criativa, estratégica e transformadora.

Estimulamos, portanto, que cada leitor vá além da simples reprodução dos exemplos, utilizando este conteúdo como base para construir códigos e scripts com identidade própria, capazes de gerar impacto significativo em sua trajetória profissional. Esse é o espírito do conhecimento aplicado: aprender profundamente para inovar com propósito.

Agradecemos pela confiança e desejamos uma jornada de estudo produtiva e inspiradora.

ÍNDICE

SAUDAÇÕES

Seja muito bem-vindo(a) à sua jornada definitiva rumo ao domínio técnico e estratégico de uma das disciplinas mais impactantes e transformadoras da atualidade: a Ciência de Dados em nível extremo com Python. Ao decidir investir energia e foco neste estudo, você está acessando uma rota que conecta o essencial ao avançado, a teoria à prática e o código à tomada de decisão com inteligência real.

Este livro, *PYTHON EXTREME DATA SCIENCE – Do Essencial à Engenharia Analítica Avançada*, foi cuidadosamente estruturado para ser um guia técnico completo, direto e aplicável sobre ciência de dados moderna utilizando Python. Aqui, tratamos a disciplina não como um conjunto de scripts isolados, mas como uma engenharia integrada que une dados, modelos, automação, inteligência e impacto mensurável.

Ao longo de 30 capítulos progressivos e modulares, você terá acesso a um conteúdo que cobre toda a cadeia de valor de projetos de dados — da ingestão ao deploy, da exploração ao tuning, da estatística ao aprendizado por reforço, da experimentação à governança, do batch ao streaming, da inferência ao AI Agent. Cada etapa foi projetada para gerar domínio técnico imediato, sem atalhos, com lógica clara, aplicação prática e profundidade analítica.

A escolha por dominar Python em ciência de dados é, hoje, uma das decisões mais estratégicas que um profissional pode tomar. Isso porque Python não é apenas uma linguagem. É um ecossistema completo de bibliotecas, práticas, frameworks, comunidades e aplicações que alimentam desde análises operacionais até sistemas cognitivos de larga escala.

Este conteúdo foi desenvolvido com base no *Protocolo TECHWRITE 2.2*, padrão editorial de excelência técnica e didática. Isso garante uma leitura estruturada, fluida, sem redundâncias, com resolução de erros, boas práticas, código explicativo e resumos estratégicos que conectam teoria à execução real. Você não encontrará aqui um material superficial ou genérico, mas sim um manual vivo e funcional, à altura das exigências do mercado global.

Dominar ciência de dados em sua forma extrema não é mais uma opção para quem deseja atuar com protagonismo em áreas como engenharia analítica, machine learning, ciência de produto, automação de decisão, otimização de processos, análise preditiva, governança de dados e construção de sistemas inteligentes. Trata-se de um pré-requisito para quem busca transformar dados em vantagem competitiva contínua.

Você encontrará nesta obra tudo o que precisa para operar com confiança, pensar com precisão, resolver com método e entregar com impacto. Os códigos não estão aqui apenas para serem lidos — estão aqui para serem compreendidos, testados, adaptados e utilizados em contextos reais e produtivos. Cada bloco, cada função, cada pipeline foi pensado para aplicação, e não apenas para demonstração.

É uma honra compartilhar este conteúdo com você. Que este livro se torne seu manual de referência, seu campo de testes, sua base de engenharia e sua alavanca de evolução contínua no universo da ciência de dados com Python.

Boa leitura, bons experimentos e excelente jornada técnica.

SOBRE O AUTOR

Diego Rodrigues
Autor Técnico e Pesquisador Independente
ORCID: https://orcid.org/0009-0006-2178-634X
StudioD21 Smart Tech Content & Intell Systems
E-mail: studiod21portoalegre@gmail.com
LinkedIn: www.linkedin.com/in/diegoxpertai

Autor técnico internacional (*tech writer*) com foco em produção estruturada de conhecimento aplicado. É fundador da StudioD21 Smart Tech Content & Intell Systems, onde lidera a criação de frameworks inteligentes e a publicação de livros técnicos didáticos e com suporte por inteligência artificial, como as séries Kali Linux Extreme, SMARTBOOKS D21, entre outras.

Detentor de 42 certificações internacionais emitidas por instituições como IBM, Google, Microsoft, AWS, Cisco, META, Ec-Council, Palo Alto e Universidade de Boston, atua nos campos de Inteligência Artificial, Machine Learning, Ciência de Dados, Big Data, Blockchain, Tecnologias de Conectividade, Ethical Hacking e Threat Intelligence.

Desde 2003, desenvolveu mais de 200 projetos técnicos para marcas no Brasil, EUA e México. Em 2024, consolidou-se como um dos maiores autores de livros técnicos da nova geração, com mais de 180 títulos publicados em seis idiomas. Seu trabalho tem como base o protocolo próprio de escrita técnica aplicada TECHWRITE 2.2, voltado à escalabilidade, precisão conceitual e aplicabilidade prática em ambientes profissionais.

APRESENTAÇÃO DO LIVRO

Este livro foi estruturado com precisão para levar você ao domínio técnico e aplicado da Ciência de Dados com Python em sua forma mais avançada, combinando progressão didática com prática imediata e engenharia de produção. Dividido em 30 capítulos estrategicamente organizados, cobre toda a cadeia operacional de dados, desde a manipulação inicial até a orquestração inteligente com AI Agents.

Abrimos com os fundamentos essenciais do trabalho com dados em Python, abordando leitura, limpeza, transformação, normalização e estruturação de dados em DataFrames robustos. Logo em seguida, exploramos operações vetorizadas, slicing, indexação avançada e manipulações eficientes com Pandas e NumPy, otimizando performance em análises reais.

Aprofundamos no parsing de formatos diversos como CSV, JSON, Excel e Parquet, incluindo estratégias de chunking, encoding, leitura distribuída e integração com conectores externos. O capítulo de wrangling traz foco em qualidade de dados, preenchimento de lacunas, normalização e tratamento de outliers em larga escala com ferramentas automatizadas.

Seguimos com visualização analítica usando Plotly, Seaborn e Matplotlib, aplicando design técnico de gráficos com foco em interpretação de padrões e métricas relevantes. A engenharia de features, estatística aplicada e testes de hipótese são abordados com rigor prático, estabelecendo uma base sólida para modelagem supervisionada e não supervisionada.

Modelos de regressão, classificação, árvores de decisão, florestas aleatórias e métodos de regularização são explorados com detalhamento técnico e validação cruzada estruturada. Entramos então nos fundamentos de deep learning com redes neurais, embeddings e classificação avançada, utilizando TensorFlow e PyTorch com pipelines replicáveis.

O livro amplia seu escopo com NLP, análise de sentimentos, vetores de contexto, transformers e manipulação semântica. Apresentamos também os algoritmos de agrupamento, detecção de anomalias e análise exploratória multivariada.

Nas seções dedicadas a pipelines e engenharia de machine learning, tratamos tuning de hiperparâmetros, deploy com Flask e FastAPI, versionamento de modelos com MLflow e retraining automatizado com Airflow e Prefect. Exploramos ainda técnicas de monitoramento, rastreamento, detecção de drift e retreinamento com base em eventos.

Incluímos capítulos de Big Data com Spark, leitura distribuída com SQL, DataFrames resilientes e integração com Hadoop, além da instrumentação de processos com jobs agendados, geração de relatórios e automações com cron e DAGs otimizadas.

Avançamos para governança de dados, qualidade, conformidade, anonimização, catalogação, rastreabilidade e segurança operacional, com foco em LGPD e GDPR. Experimentação online com A/B testing, testes bayesianos e multivariados também recebe atenção especial, com instrumentação prática e análise estatística integrada ao produto.

Nos últimos capítulos, integramos dashboards interativos com Streamlit e Plotly, deploys controlados, conexões com APIs e autenticação de usuários. Finalizamos com orquestração avançada de fluxos de machine learning, AI Agents autônomos para automação analítica e consultoria cognitiva, além de uma visão estratégica da evolução do ecossistema Python para engenharia de dados adaptativa.

A proposta deste livro é direta: entregar domínio técnico completo, com foco em aplicabilidade, produção e evolução contínua. Não é apenas um guia de aprendizado, mas uma base sólida para quem deseja operar com excelência em ciência de dados moderna, utilizando Python como linguagem, ferramenta e plataforma de transformação real.

CAPÍTULO 1. INTRODUÇÃO AO PYTHON EM CIÊNCIA DE DADOS

Python se tornou uma linguagem onipresente em projetos analíticos, estatísticos e de engenharia de dados. Sua versatilidade e a ampla comunidade de desenvolvedores fazem dela uma escolha natural para quem busca construir análises rápidas e consistentes, seja em ambientes acadêmicos, empresariais ou de pesquisa. Ao longo deste capítulo, destacam-se os fatores que tornam Python tão relevante na Ciência de Dados, os passos essenciais para preparar o ambiente de desenvolvimento, a forma ideal de organizar diretórios e scripts e, por fim, como configurar ferramentas que facilitam a produção e manutenção de projetos analíticos.

Evolução e relevância do Python em projetos analíticos

Python começou como uma linguagem de propósito geral, voltada para a simplicidade sintática. Rapidamente, a comunidade identificou seu potencial para tarefas que envolvem manipulação de dados, análise estatística e visualizações. Pacotes como NumPy, Pandas e Matplotlib, lançados inicialmente para manipulação eficiente de arrays, transformaram Python em uma das principais escolhas para quem precisava processar grandes volumes de informação de forma organizada.

Com a crescente demanda por métodos avançados de análise, surgiram bibliotecas de aprendizado de máquina (scikit-learn), deep learning (TensorFlow, PyTorch) e de processamento de linguagem natural (spaCy, transformers), entre outras. Esse ecossistema expandido tornou Python um ambiente poderoso para experimentos e produção de modelos de Machine Learning.

Hoje, Python é utilizado tanto por iniciantes em Ciência de Dados quanto por especialistas que lidam com infraestrutura de larga escala. A combinação de facilidade de leitura do código, grande variedade de pacotes especializados e uma comunidade global extremamente ativa faz com que a curva de aprendizado seja mais suave em comparação a outras linguagens. Além disso, a velocidade de evolução dessas bibliotecas acompanha o ritmo acelerado das inovações em análise de dados, aprendizado de máquina e inteligência artificial.

Outro ponto crucial é a adoção de Python em empresas de todos os portes. Grandes corporações investem na linguagem por permitir, ao mesmo tempo, a prototipação de modelos complexos e a sua transição para ambientes de produção. Essa flexibilidade se explica pela diversidade de frameworks e pela robusta integração com APIs e serviços em nuvem. Como consequência, a linguagem se tornou um componente estratégico tanto em equipes de cientistas de dados quanto em times de engenharia de software.

Preparação de ambiente

Para tirar proveito máximo do ecossistema Python, é fundamental configurar e gerenciar ambientes de forma organizada. Isso envolve o uso de ferramentas como *conda*, *virtualenv* ou *pip* para instalação de pacotes e isolamento de dependências, evitando conflitos entre versões.

Uso do conda

O *conda* é um gerenciador de pacotes e ambientes originalmente associado à distribuição Anaconda, mas que também pode ser instalado separadamente (Miniconda). Sua principal vantagem é a capacidade de gerenciar não apenas bibliotecas Python, mas também dependências de sistema.

- Passo a passo para criar um ambiente com conda:

Instalar o Anaconda ou o Miniconda no sistema operacional.

Abrir um terminal e digitar:

lua

```
conda create --name ds_env python=3.9
```

Ativar o ambiente recém-criado:

nginx

```
conda activate ds_env
```

Instalar bibliotecas essenciais para Ciência de Dados:

nginx
```
conda install numpy pandas matplotlib scikit-learn
```

Esse procedimento garante um ambiente virtual isolado, onde é possível adicionar, remover ou atualizar pacotes sem interferir em outros projetos.

Uso de virtualenv e pip

Para quem prefere uma abordagem mais enxuta, existe o *virtualenv*, que cria ambientes virtuais independentes da versão nativa do Python. A partir das versões mais recentes do Python, o comando *python -m venv* oferece funcionalidade semelhante.

- Principais etapas:

Instalar o virtualenv (caso não use a venv nativa):

nginx

pip install virtualenv

Criar um ambiente:

nginx
python -m venv ds_env

Ativar o ambiente:

Em sistemas Unix ou macOS:

bash

source ds_env/bin/activate

Em sistemas Windows:

ds_env\Scripts\activate

Instalar pacotes via pip dentro do ambiente:

nginx

```
pip install numpy pandas matplotlib scikit-learn
```

Assim como no conda, o virtualenv permite isolar dependências de cada projeto, facilitando a manutenção.

Quando escolher conda ou virtualenv?

conda costuma ser a opção preferida quando se lida com pacotes que têm dependências de sistema mais complexas (por exemplo, bibliotecas científicas que exigem instalação de componentes externos). Já *virtualenv* e *pip* são frequentemente adotados em projetos que buscam um setup mais simples e querem manter controle total sobre o que entra e sai do ambiente. Em muitos casos, a escolha se resume a preferências pessoais ou políticas internas de cada equipe.

Organização de diretórios e scripts

Uma boa organização de diretórios e scripts é essencial para manter a escalabilidade e a clareza de um projeto de Ciência de Dados. Ao longo do ciclo de vida de um projeto, surgem múltiplos dados brutos, notebooks de experimentos, módulos de processamento e relatórios finais. Para que tudo fique coerente e de fácil acesso, muitos profissionais seguem uma convenção parecida com:

Estrutura de pastas sugerida

- **data**: onde ficarão os arquivos brutos (CSV, JSON, Parquet, etc.) e, se necessário, subconjuntos para dados processados ou intermediários.

- **notebooks**: local para notebooks Jupyter ou arquivos de rascunho exploratório.

- **src**: diretório para scripts ou pacotes Python que

implementam a lógica principal do projeto, como limpeza de dados, análise estatística, preparação de features, entre outros.

- **models**: pasta dedicada a armazenar modelos treinados, sejam arquivos de checkpoint de redes neurais ou modelos serializados com joblib/pickle.

- **reports**: local para relatórios ou resultados consolidados, em formatos variados (PDF, HTML, Markdown).

Conexão entre scripts e notebooks

Frequentemente, notebooks contêm experimentos e análises pontuais, enquanto scripts dentro de *src* são usados em execução repetitiva ou pipelines de produção. Para evitar redundâncias, sugere-se que a lógica de transformação de dados fique nos scripts, enquanto o notebook serve como camada de visualização e experimentação rápida.

Configuração de ferramentas (Jupyter, VSCode, PyCharm)

A escolha da IDE ou editor de código pode acelerar o desenvolvimento, depuração e compartilhamento de resultados. Entre as opções mais populares para Ciência de Dados com Python, destacam-se Jupyter Notebook (ou JupyterLab), VSCode e PyCharm.

Jupyter Notebook / JupyterLab

Jupyter Notebook revolucionou o modo como cientistas de dados prototipam e compartilham análises. Sua principal vantagem é a mistura de texto explicativo, código executável e visualizações em um mesmo documento. Dessa forma, torna-se simples documentar as etapas de um experimento.

Para instalar:

nginx

```
pip install jupyterlab
```

ou, se estiver usando conda:

nginx

```
conda install jupyterlab
```

Depois de instalado, basta executar jupyter lab no terminal, dentro do ambiente virtual, e o navegador abrirá uma interface interativa.

Benefícios principais do Jupyter:

- Execução célula a célula, permitindo análise iterativa

- Fácil integração com bibliotecas de visualização (Matplotlib, Seaborn)

- Exportação em diversos formatos (HTML, PDF, etc.)

- Possibilidade de adicionar extensões para aumentar as funcionalidades

VSCode

O Visual Studio Code (VSCode) é muito popular por ser leve, extensível e oferecer suporte avançado para depuração e controle de versão. Com a extensão oficial de Python, o VSCode permite:

- Suporte a ambientes virtuais e conda

- Execução de notebooks dentro do próprio editor

- Realce de sintaxe, autocompletar e linting

- Depuração em linha (breakpoints, watch, etc.)

Para quem deseja uma ferramenta versátil, que suporte diferentes linguagens e seja personalizável, o VSCode se mostra uma escolha excelente. Ele também tem integração nativa com Git, facilitando a colaboração em equipe.

PyCharm

O PyCharm, da JetBrains, é uma IDE robusta focada em Python, com recursos avançados para refatoração, depuração e análise estática de código. Por ser uma ferramenta bastante completa, muitos desenvolvedores profissionais a utilizam em projetos de larga escala. Alguns destaques:

- Ambiente integrado para testes e cobertura de código

- Reconhecimento de estrutura de projetos e pacotes

- Ferramentas integradas para bancos de dados

- Suporte ao Jupyter Notebook (em versões recentes)

PyCharm pode exigir uma curva de aprendizado maior e costuma ser mais pesado do que o VSCode, mas oferece funcionalidades bastante avançadas de automação e organização de projetos.

Erros Comuns e Soluções

Nesta seção, veremos alguns problemas que costumam surgir

em ambientes de desenvolvimento Python para Ciência de Dados, assim como suas causas prováveis e soluções recomendadas.

Erro: "pip: command not found"
Causa provável: O sistema não reconhece a instalação do Python no PATH, ou a instalação do pip não foi concluída.
Solução recomendada: verificar se o Python está devidamente instalado. Em sistemas Unix, executar which python ou which python3.

Reinstalar o pip manualmente, se necessário:

sql

```
curl https://bootstrap.pypa.io/get-pip.py -o get-pip.py
python get-pip.py
```

- Caso esteja uutilizando conda, verificar se o ambiente está ativado e se pip está dentro dele.

Erro: "jupyter: command not found"
Causa provável: O Jupyter não foi instalado no ambiente ativo ou o comando não foi configurado no PATH.
Solução recomendada: Garantir que o ambiente virtual ou conda esteja ativo antes de instalar o jupyter.

Instalar Jupyter via pip ou conda:

nginx
CopiarEditar

```
pip install jupyterlab
```

ou

nginx

```
conda install jupyterlab
```

Em seguida, confirmar se o comando jupyter está disponível digitando jupyter --version.

Erro: Problemas de compatibilidade entre versões de pacotes
Causa provável: Atualização ou regressão de pacotes sem verificar dependências cruzadas.
Solução recomendada:

- Isolar cada projeto em seu próprio ambiente virtual ou conda.

- Utilizar arquivo de requisitos (requirements.txt) ou arquivo de ambiente (environment.yml) para reproduzir configurações exatas.

- Sempre que possível, testar atualizações em um ambiente de teste antes de alterar o ambiente de produção.

Boas Práticas

Em projetos de Ciência de Dados, a adoção de boas práticas aumenta a produtividade do time e a qualidade dos resultados.

Versionamento e controle de histórico

- Usar Git ou ferramenta equivalente para rastrear alterações no código e dados relevantes.

- Criar repositórios privados para dados sensíveis, quando necessário.

- Comentar de forma clara nos commits o que foi alterado e por quê.

Nomes de variáveis e funções

- Escolher nomes que reflitam o propósito do objeto ou função.

- Evitar abreviações excessivas para que o leitor (ou você mesmo no futuro) entenda de imediato o que cada elemento representa.

Documentação de módulos e pacotes

- Mesmo que seja um script simples, inserir uma breve docstring no início descrevendo objetivo e uso esperado.

- Ao criar pacotes em Python, incluir um arquivo README com instruções de instalação e uso.

Tratamento de dados sensíveis

- Em cenários corporativos ou que envolvam informações privadas, nunca versionar dados que possam violar confidencialidade.

- Criptografar ou anonimizar dados, se o projeto exigir.

- Restringir acesso a repositórios ou ambientes com dados de produção.

Testes automatizados

- Criar testes para funções de limpeza de dados, transformações e cálculo de indicadores estatísticos.

- Utilizar frameworks como pytest para estruturar os testes.

- Ao manter uma rotina de testes, o time ganha confiança ao alterar código ou atualizar pacotes.

Resumo Estratégico

Python evoluiu para se tornar uma peça-chave em projetos de Ciência de Dados, graças à combinação de sintaxe acessível, bibliotecas robustas e uma comunidade global que mantém ferramentas em constante evolução. A facilidade de configurar ambientes virtuais (com *conda* ou *virtualenv*), aliada a uma boa organização de diretórios, garante que projetos cresçam de maneira consistente e sustentável. Além disso, editores e IDEs como Jupyter Notebook, VSCode e PyCharm fornecem recursos avançados para prototipação, desenvolvimento colaborativo e manutenção de longo prazo.

Neste início de jornada, a atenção a detalhes como versionamento, nomenclatura de arquivos e ambientes virtuais ajuda a evitar conflitos e a manter um fluxo de trabalho mais profissional. Com base nesses fundamentos, é possível seguir para etapas mais complexas de manipulação de dados, modelagem e análise estatística, sempre aproveitando a flexibilidade e a eficiência que Python oferece.

Ao concluir este capítulo, você tem o arcabouço inicial para trabalhar de forma organizada e segura em projetos analíticos, consolidando o papel do Python como sua principal ferramenta de exploração, limpeza e estruturação de dados.

Nos próximos capítulos, ampliaremos a visão técnica com estruturas de dados internas da linguagem, manipulação de DataFrames com bibliotecas populares e construção de pipelines analíticos completos, sempre alinhados aos padrões de engenharia e às melhores práticas profissionais da Ciência de Dados.

CAPÍTULO 2. ESTRUTURAS DE DADOS E LÓGICA APLICADA

Python possui um dos modelos mais versáteis de estruturas de dados da computação moderna. Esse conjunto nativo de ferramentas permite a construção de fluxos analíticos com altíssimo nível de expressividade, performance e legibilidade. Combinadas à lógica aplicada, essas estruturas formam o núcleo técnico de qualquer pipeline de transformação de dados. Ao compreender com profundidade o funcionamento de listas, dicionários, tuplas, conjuntos e compreensões, é possível desenvolver algoritmos mais limpos, eficientes e adaptáveis a múltiplos contextos analíticos.

Fundamentos de Listas, Dicionários, Tuplas e Sets

As listas são estruturas ordenadas e mutáveis, usadas para armazenar coleções sequenciais de elementos. A mutabilidade das listas permite adicionar, remover ou alterar itens com facilidade, o que as torna ideais para sequências de dados em transformação constante.

python

```python
valores = [10, 20, 30]
valores.append(40)
valores[0] = 5
```

Esse comportamento permite, por exemplo, construir buffers

de dados temporários em pipelines. Ao adicionar elementos com append, a lista cresce dinamicamente. Com pop, é possível remover elementos específicos, mantendo o controle sobre a estrutura em tempo real.

Os dicionários armazenam pares chave-valor e são particularmente úteis para modelar relações não lineares entre dados. Eles são amplamente utilizados em processos de mapeamento, lookup e organização de atributos.

python

```python
usuario = {'nome': 'Ana', 'idade': 34}

usuario['cidade'] = 'Recife'
```

Esse tipo de estrutura permite acessar valores diretamente pela chave, tornando a leitura do código mais intuitiva. Em cenários onde há associação entre identificadores únicos e propriedades, o dicionário supera em eficiência outras estruturas.

As tuplas, por sua vez, são coleções ordenadas e imutáveis. Elas são úteis quando a integridade dos dados deve ser preservada. Isso ocorre frequentemente ao manipular coordenadas, combinações de valores ou registros que não devem ser alterados acidentalmente.

python

```python
coordenada = (12.4, 45.2)
```

Já os conjuntos (sets) representam coleções não ordenadas e sem elementos duplicados. São apropriados para operações como interseção, união e diferença, especialmente úteis na filtragem e deduplicação de dados.

python

```python
nomes = {'Ana', 'Carlos', 'João'}
nomes.add('Lucas')
```

A escolha entre essas estruturas depende das operações exigidas pelo pipeline. Em geral, listas são mais comuns para iterações simples, dicionários dominam as modelagens mais complexas, tuplas asseguram imutabilidade e conjuntos garantem unicidade.

Compreensões e Expressões Lambda

As compreensões de listas e dicionários representam uma das formas mais elegantes de construir coleções de forma declarativa e concisa. Elas permitem expressar filtros, transformações e combinações em uma única linha, com legibilidade preservada.

python
```python
quadrados = [x**2 for x in range(10) if x % 2 == 0]
```

A lógica contida dentro da compreensão executa um mapeamento condicional: apenas valores pares são elevados ao quadrado. Esse tipo de construção reduz a quantidade de código e elimina a necessidade de estruturas imperativas tradicionais como loops explícitos.

Compreensões de dicionários seguem a mesma lógica:

python
```python
dobros = {x: x*2 for x in range(5)}
```

Expressões lambda são funções anônimas de linha única, úteis para encapsular transformações rápidas, especialmente em funções de ordem superior como map, filter e sorted.

python

```python
lista = [3, 1, 4, 2]
ordenada = sorted(lista, key=lambda x: -x)
```

A expressão lambda x: -x inverte a ordem, resultando em uma ordenação decrescente. Apesar de sua utilidade, deve-se evitar abusar das lambdas em códigos complexos. Nestes casos, funções nomeadas trazem mais clareza.

Funções Puras, Side Effects e Composição

Funções puras são blocos de código que produzem os mesmos resultados para os mesmos inputs, sem alterar o estado externo. Elas são pilares do paradigma funcional e garantem previsibilidade, o que é essencial em ambientes analíticos e pipelines reprodutíveis.

python

```python
def converter_para_celsius(f):
    return (f - 32) * 5 / 9
```

Essa função é pura: dados os mesmos graus Fahrenheit, ela sempre retorna o mesmo resultado. Não há gravação em arquivos, alteração de variáveis globais ou interação com o ambiente externo.

Side effects ocorrem quando funções modificam algo fora de seu escopo, como salvar dados em disco, alterar uma variável global ou imprimir algo na tela. Embora nem sempre possam ser evitados, devem ser bem delimitados. Em fluxos de dados críticos, side effects mal gerenciados resultam em inconsistências e bugs difíceis de rastrear.

A composição de funções é uma prática que permite encadear múltiplas transformações sem perder a coesão. Ao compor funções, cada etapa do processamento é separada em funções menores, reutilizáveis e testáveis.

python

```python
def normalizar(x):
    return (x - min(x)) / (max(x) - min(x))


def elevar_quadrado(x):
    return [i**2 for i in x]


def pipeline(dados):
    return elevar_quadrado(normalizar(dados))
```

A função pipeline reaproveita transformações e permite modificar o fluxo com facilidade, mantendo a legibilidade.

Modularidade em Pipelines de Transformação

Em projetos de Ciência de Dados, é comum ver scripts extensos com lógica acoplada, o que dificulta a manutenção e a escalabilidade. Modularizar essas transformações é um passo crítico para profissionalizar a estrutura do projeto.

Cada função, módulo ou script deve assumir uma responsabilidade única e claramente definida. Isso facilita testes automatizados, identificação de erros e reuso de código.

Pipeline modular típico:

- Leitura de dados (read_data.py)

- Pré-processamento (preprocessing.py)

- Engenharia de atributos (features.py)

- Treinamento de modelo (train.py)

- Avaliação (evaluate.py)

Além da separação por escopo, o uso de funções bem nomeadas e argumentos explícitos ajuda a documentar o fluxo analítico. Scripts com entradas parametrizadas também são mais adaptáveis a múltiplos contextos e ambientes.

Erros Comuns e Soluções

Erro: "TypeError: 'int' object is not iterable"
Causa provável: Tentativa de iterar sobre um número inteiro, geralmente em uma compreensão ou loop.
Solução recomendada: Verifique se o objeto é de fato uma sequência. Em compreensões, assegure que esteja usando range(n) ao invés de apenas n.

Erro: "Unhashable type: 'list'"
Causa provável: Tentativa de usar uma lista como chave de um dicionário ou item de um conjunto.
Solução recomendada: Use tuplas no lugar de listas quando precisar de elementos imutáveis e hashable. Dicionários e sets exigem elementos que possam ser comparados por hash.

Erro: "local variable referenced before assignment"
Causa provável: A variável está sendo usada dentro de uma função antes de ser atribuída localmente, conflitando com uma variável de mesmo nome no escopo global.
Solução recomendada: Use global apenas quando necessário, e prefira passar variáveis como argumentos. Mantenha nomes consistentes e evite sombreamento.

Boas Práticas de Engenharia

- Utilize funções puras sempre que possível. Isso aumenta a previsibilidade, reduz efeitos colaterais e simplifica testes.

- Prefira compreensões legíveis a loops longos com lógica simples. Em transformações mais complexas, modularize em funções nomeadas.

- Nunca confunda mutabilidade com eficiência. Modificar listas diretamente pode ser conveniente, mas compromete a rastreabilidade em pipelines críticos.

- Evite copiar e colar blocos de código. Extraia padrões e transforme-os em funções reutilizáveis.

- Nomeie funções e variáveis com clareza. A intenção do código deve ser compreendida sem necessidade de comentários explicativos.

Resumo Estratégico

A base da lógica aplicada em Python está na compreensão

profunda de suas estruturas de dados e na capacidade de construir transformações de forma modular, clara e previsível. Listas, dicionários, tuplas e conjuntos não são apenas estruturas genéricas: cada uma delas oferece vantagens distintas quando aplicadas com precisão. Ao incorporar compreensões e funções puras, o código se torna mais enxuto, elegante e testável.

Essa fundação técnica permite a construção de pipelines robustos e reprodutíveis, especialmente quando combinada com práticas de modularização e encapsulamento lógico. O domínio dessas estruturas é o ponto de partida para construir fluxos de dados sofisticados, preparando o terreno para manipulações de DataFrames, aplicações estatísticas e modelos preditivos mais complexos. O domínio da lógica aplicada com Python não é apenas uma competência técnica, mas um diferencial estratégico em ambientes analíticos profissionais.

.

CAPÍTULO 3. MANIPULAÇÃO DE DATAFRAMES COM PANDAS

O DataFrame é a estrutura mais poderosa e amplamente utilizada na Ciência de Dados com Python. A biblioteca Pandas, construída sobre NumPy, fornece ferramentas otimizadas para manipular, transformar, agregar e visualizar dados tabulares de forma eficiente. A capacidade de realizar operações vetorizadas, combinada a um modelo intuitivo de indexação e filtragem, faz do Pandas o núcleo de quase todos os projetos analíticos estruturados.

Este capítulo mergulha em técnicas avançadas de manipulação de DataFrames, incluindo indexação, slicing, uso de máscaras booleanas, agrupamentos funcionais, operações com apply e transform, além de estratégias práticas para otimização de tipos e memória. Cada conceito apresentado tem aplicação direta em rotinas de análise, modelagem ou preparação de dados.

Indexação avançada, slicing e máscaras

A indexação em Pandas permite acesso direto e eficiente a subconjuntos de dados, seja por rótulos, posições ou condições lógicas. Com loc, acessamos dados por rótulo. Com iloc, por posição. O domínio dessas duas abordagens é essencial para manipular DataFrames com precisão.

python

```
import pandas as pd
```

```python
dados = pd.DataFrame({
    'nome': ['Ana', 'Bruno', 'Carlos'],
    'idade': [23, 35, 31],
    'cidade': ['SP', 'RJ', 'BH']
})


# Indexação por rótulo
dados_loc = dados.loc[1, 'cidade']


# Indexação por posição
dados_iloc = dados.iloc[2, 0]
```

Quando a operação exige seleção de linhas com base em critérios, utilizamos máscaras booleanas. Elas permitem filtrar DataFrames com clareza e eficiência:

python

```python
filtro = dados['idade'] > 30
dados_filtrados = dados[filtro]
```

Esse tipo de filtragem é extremamente útil para identificar padrões, aplicar regras e preparar subconjuntos específicos para modelagem.

O slicing é a técnica de recorte em intervalos, geralmente aplicada a subconjuntos contínuos. Com iloc, é possível obter rapidamente fatias do DataFrame com alta performance:

python

```
subconjunto = dados.iloc[0:2]
```

Para operações com múltiplas condições, utilizamos operadores lógicos combinados:

python

```
filtro_complexo = (dados['idade'] > 30) & (dados['cidade'] == 'RJ')
dados_selecionados = dados[filtro_complexo]
```

A fluência nessa sintaxe permite transformar DataFrames em blocos maleáveis de dados, ajustáveis a qualquer lógica analítica.

Operações vetorizadas e pipelines funcionais

A principal vantagem do Pandas está na capacidade de operar sobre colunas inteiras de forma vetorizada, sem necessidade de laços explícitos. Essas operações são mais rápidas, mais legíveis e reduzem drasticamente o tempo de execução.

python

```
dados['idade_ajustada'] = dados['idade'] + 1
```

Essa linha altera toda a coluna idade, adicionando um ano a cada linha. O mesmo raciocínio se aplica a transformações matemáticas, normalizações, substituições e mais.

Para fluxos analíticos encadeados, o Pandas permite o uso de pipelines funcionais, organizando sequências de operações com clareza. O operador pipe é ideal quando queremos aplicar funções customizadas em etapas:

python

```python
def padronizar_coluna(col):
    return col.str.upper()


dados['cidade'] = dados['cidade'].pipe(padronizar_coluna)
```

O pipe preserva a legibilidade e modulariza transformações. Em pipelines mais complexos, essa abordagem reduz acoplamentos e melhora a testabilidade.

GroupBy, transform, apply e manipulações complexas

O agrupamento de dados com groupby é uma das funcionalidades mais poderosas do Pandas. Com ele, é possível realizar operações agregadas, transformações e filtragens em níveis distintos de granularidade.

python

```python
media_idade_por_cidade = dados.groupby('cidade')['idade'].mean()
```

Esse comando calcula a média de idade por cidade, retornando uma nova série com os resultados. Para manter a estrutura original do DataFrame, usamos transform:

python

```python
dados['idade_media'] = dados.groupby('cidade')['idade'].transform('mean')
```

O transform devolve um objeto com o mesmo tamanho do DataFrame original, permitindo adicionar colunas com resultados agregados ao contexto original.

O método apply estende essa lógica, permitindo aplicar funções customizadas linha a linha ou grupo a grupo. Ele é mais flexível, embora menos performático que métodos vetorizados:

python

```python
def classificar_idade(idade):
    if idade < 25:
        return 'jovem'
    elif idade < 40:
        return 'adulto'
    return 'sênior'


dados['faixa'] = dados['idade'].apply(classificar_idade)
```

Em operações agrupadas, apply pode ser usado para realizar agregações múltiplas ou executar lógicas específicas para cada grupo:

python

```python
def resumo_grupo(grupo):
    return pd.Series({
        'min_idade': grupo['idade'].min(),
        'max_idade': grupo['idade'].max()
    })
```

```python
resumo = dados.groupby('cidade').apply(resumo_grupo)
```

Esse tipo de manipulação permite análises de alta granularidade sem perder o controle do escopo.

Otimização de tipos e memória

Projetos com grandes volumes de dados exigem atenção especial ao uso de memória. O Pandas oferece ferramentas para otimizar o uso de tipos e reduzir o footprint dos DataFrames.

Um dos erros mais comuns é carregar dados com tipos genéricos (como object) quando valores poderiam ser category, int32 ou float32.

python

```python
dados['cidade'] = dados['cidade'].astype('category')
```

A conversão para category reduz drasticamente o consumo de memória quando há repetição de valores. Para colunas numéricas, especificar o menor tipo necessário também traz ganhos significativos:

python

```python
dados['idade'] = dados['idade'].astype('int8')
```

Além da conversão explícita, funções como pd.to_numeric e pd.to_datetime ajudam a converter colunas de texto em tipos apropriados para análise e ordenação:

python

```python
df['data'] = pd.to_datetime(df['data'])
```

Outra prática importante é utilizar o parâmetro dtype já no momento da leitura:

python

```python
df = pd.read_csv('dados.csv', dtype={'idade': 'int16', 'cidade': 'category'})
```

Isso evita que o Pandas infira tipos incorretamente, o que é comum em arquivos com milhares de linhas.

Resolução de Erros Comuns

Erro: "KeyError: 'coluna_inexistente'"
Causa provável: Tentativa de acessar uma coluna que não existe no DataFrame.
Solução recomendada: Verifique se o nome da coluna está correto, incluindo acentuação e caixa. Utilize df.columns para listar os nomes disponíveis.

Erro: "SettingWithCopyWarning"
Causa provável: Modificação indireta de uma fatia de um DataFrame, o que pode não refletir no objeto original.
Solução recomendada: Use .loc para alterar valores de forma explícita e segura:

python

```python
df.loc[df['condição'], 'coluna'] = novo_valor
```

Erro: "ValueError: Cannot set a DataFrame with multiple columns to the single column"
Causa provável: Tentativa de atribuir um DataFrame com múltiplas colunas a apenas uma coluna do DataFrame destino.
Solução recomendada: Verifique a forma da estrutura atribuída. Use colunas individuais ou assign corretamente:

python

```
df[['coluna1', 'coluna2']] = df_temp[['coluna1', 'coluna2']]
```

Boas Práticas

- Sempre prefira operações vetorizadas. Elas são mais rápidas e seguras do que for loops.

- Use assign e pipe para encadear transformações e criar pipelines claros e reaproveitáveis.

- Utilize transform em vez de apply sempre que possível, por questões de desempenho e compatibilidade com groupby.

- Documente funções utilizadas em apply com docstrings curtas. Isso facilita testes e entendimento.

- Revise os tipos de dados carregados. O uso inteligente de category, int32 e float32 pode reduzir em até 80% o uso de memória.

- Evite sobrescrever o DataFrame original durante testes. Trabalhe com cópias temporárias ou use o parâmetro inplace=False.

Resumo Estratégico

Manipular DataFrames com Pandas é um dos pilares operacionais da Ciência de Dados moderna. A combinação de indexação avançada, operações vetorizadas e agrupamentos funcionais permite construir análises robustas e escaláveis com precisão e fluidez. Ao dominar os métodos loc, iloc, apply, transform e groupby, o cientista de dados conquista controle absoluto sobre a estrutura tabular e pode realizar desde transformações simples até operações de engenharia de dados em larga escala.

O foco em legibilidade, modularidade e performance transforma um código de análise em uma infraestrutura técnica confiável e de alto impacto. O entendimento profundo das estruturas, aliado ao uso estratégico de otimizações de memória, assegura que mesmo projetos com milhões de registros possam ser processados com eficiência em máquinas locais ou ambientes em nuvem. O Pandas deixa de ser apenas uma biblioteca, e se consolida como uma plataforma analítica de engenharia aplicada.

.

CAPÍTULO 4. LEITURA, ESCRITA E PARSING DE DADOS COMPLEXOS

Projetos reais de Ciência de Dados dependem da capacidade de lidar com dados em formatos variados, provenientes de múltiplas fontes e armazenados com diferentes estruturas. Ler, escrever e transformar dados complexos com precisão é uma competência central para qualquer pipeline analítico. Este capítulo apresenta as técnicas fundamentais para trabalhar com arquivos CSV, JSON, Excel, Parquet e formatos binários, além de abordar o parsing de dados aninhados, estratégias de chunking para grandes volumes, manipulação de encodings e leitura com conectores externos.

CSV, JSON, Excel, Parquet e formatos binários

Os arquivos CSV são a forma mais comum de armazenamento tabular. Leves, legíveis e amplamente suportados, são uma escolha natural para intercâmbio de dados entre sistemas. No Pandas, a leitura é direta com read_csv:

python

```
import pandas as pd


df = pd.read_csv('dados.csv')
```

Parâmetros como sep, encoding, na_values e usecols permitem adaptar a leitura a arquivos não padronizados:

python

```
df = pd.read_csv('dados.csv', sep=';', encoding='latin1',
na_values=['NA'], usecols=['nome', 'idade'])
```

JSON é frequentemente utilizado em APIs e sistemas web. Sua estrutura hierárquica exige parsing especial, principalmente quando envolve listas ou dicionários aninhados:

python

```
df = pd.read_json('dados.json')
```

Em casos mais complexos, com dados em formato de linha por linha (newline-delimited JSON), é necessário ajustar o parâmetro lines:

python

```
df = pd.read_json('dados_nd.json', lines=True)
```

Excel continua relevante, principalmente em ambientes corporativos. O Pandas oferece suporte nativo por meio do read_excel, com possibilidade de selecionar planilhas específicas:

python

```
df = pd.read_excel('dados.xlsx', sheet_name='Plan1')
```

Já os arquivos Parquet são otimizados para armazenar dados

em colunas, com compressão embutida. São ideais para ambientes distribuídos ou projetos que exigem leitura rápida em escala:

python

```
df = pd.read_parquet('dados.parquet')
```

Por fim, formatos binários como Feather e Pickle são usados para persistência temporária entre etapas de um pipeline:

python

```
df.to_feather('dados.feather')
df = pd.read_feather('dados.feather')
```

Esses formatos são altamente eficientes em leitura e escrita local, embora menos portáveis que CSV ou JSON.

Parsing de dados aninhados e semi-estruturados

Ao consumir APIs ou arquivos exportados de sistemas complexos, é comum se deparar com estruturas aninhadas — listas dentro de listas, dicionários dentro de campos de texto, ou colunas compostas por JSON.

Nesses casos, o módulo json da biblioteca padrão do Python é essencial para expandir os dados manualmente:

python

```
import json

with open('dados.json') as f:
    dados = json.load(f)
```

Para integrar com o Pandas, é comum converter os elementos em DataFrames com json_normalize, atualmente acessado via pd.json_normalize:

python

```
from pandas import json_normalize

df = json_normalize(dados, record_path=['clientes'],
meta=['empresa'])
```

Esse método permite extrair subníveis de dados mantendo a associação com campos do nível superior. Quando os dados aninhados estão em colunas dentro do próprio DataFrame, usamos apply para expandir os campos:

python

```
import ast

df['detalhes'] = df['detalhes'].apply(ast.literal_eval)
df_exp = pd.json_normalize(df['detalhes'])
df = df.join(df_exp)
```

Essa técnica é especialmente útil em bases de marketplaces, logs de aplicações ou registros transacionais exportados em formato JSON.

Chunking, encoding e transformações on-the-fly

Arquivos com milhões de linhas exigem estratégias de leitura em partes — o chamado chunking. O Pandas permite ler arquivos em pedaços com o parâmetro chunksize, evitando estouros de memória:

python

```
for chunk in pd.read_csv('grande.csv', chunksize=10000):
    processar(chunk)
```

O chunk retorna um iterador de DataFrames. Cada pedaço pode ser transformado e salvo independentemente. Para acelerar esse processo, é comum aplicar filtros diretamente sobre cada chunk:

python

```
resultados = []

for chunk in pd.read_csv('grande.csv', chunksize=10000):
    filtrado = chunk[chunk['valor'] > 1000]
    resultados.append(filtrado)

df_final = pd.concat(resultados)
```

O encoding é outro ponto crítico, especialmente ao lidar com dados em português, francês, chinês ou árabe. O padrão utf-8 cobre a maioria dos casos, mas arquivos legados exigem ajustes:

python

```
df = pd.read_csv('arquivo.csv', encoding='latin1')
```

Transformações on-the-fly referem-se a pré-processamentos durante a leitura, como renomear colunas, converter tipos ou preencher valores ausentes automaticamente. Combinadas ao chunking, tornam o pipeline mais eficiente:

python

```
for chunk in pd.read_csv('dados.csv', chunksize=5000):
    chunk.columns = [col.lower() for col in chunk.columns]
    chunk['valor'] = chunk['valor'].fillna(0)
    salvar(chunk)
```

Esse padrão permite operar com bases extensas sem jamais carregá-las integralmente na memória.

Conectores externos e leitura em lote

Em ambientes modernos, muitos dados não estão em arquivos locais, mas em bancos de dados relacionais, buckets em nuvem, APIs REST ou sistemas distribuídos. O Pandas integra bem com múltiplas fontes externas.

Para leitura em bancos SQL, usamos read_sql:

python

```
import sqlite3

con = sqlite3.connect('meubanco.db')
df = pd.read_sql('SELECT * FROM vendas', con)
```

Em bases maiores, recomenda-se usar chunksize para evitar

sobrecarga de memória. Para bancos PostgreSQL ou MySQL, bibliotecas como sqlalchemy ou psycopg2 são utilizadas para autenticação e conexão remota.

Na nuvem, o Pandas permite leitura direta de arquivos hospedados via URLs:

python

```
df = pd.read_csv('https://dados.gov.br/arquivo.csv')
```

Ou de buckets do S3 com s3fs:

python

```
df = pd.read_csv('s3://meubucket/arquivo.csv',
storage_options={'key': '...', 'secret': '...'})
```

Em pipelines industriais, é comum configurar leitores automáticos conectados a diretórios versionados ou sistemas de eventos, consumindo arquivos conforme eles são gerados. A leitura em lote com controle transacional garante consistência entre etapas:

- Leitura incremental com marcação de timestamp

- Validação de schema antes de carregar

- Armazenamento temporário para fallback

Resolução de Erros Comuns

Erro: "UnicodeDecodeError: 'utf-8' codec can't decode byte…"
Causa provável: Arquivo com codificação diferente de UTF-8.
Solução recomendada: Tente encoding='latin1' ou

encoding='iso-8859-1'.

Erro: "ParserError: Error tokenizing data"
Causa provável: Arquivo CSV mal formatado, colunas a mais ou delimitadores inconsistentes.
Solução recomendada: Use error_bad_lines=False (em versões antigas) ou revise com sep, quotechar e engine='python'.

Erro: "ValueError: Mixing dicts with non-Series may lead to ambiguous ordering"
Causa provável: Tentativa de normalizar JSON com estrutura inconsistente.
Solução recomendada: Ajuste a chave record_path e normalize os campos manualmente com apply.

Erro: "OSError: Passed non-file path"
Causa provável: Tentativa de leitura de arquivo inexistente ou URL mal formada.
Solução recomendada: Valide o caminho com os.path.exists ou teste a URL diretamente no navegador.

Boas Práticas

- Sempre valide o encoding do arquivo antes de processar. Adote UTF-8 como padrão e documente exceções.

- Ao trabalhar com JSON, identifique a estrutura com type() antes de tentar normalizar.

- Prefira read_csv com chunksize em arquivos com mais de 1 milhão de linhas. Isso previne travamentos e permite maior controle.

- Use usecols, nrows e dtype para reduzir o volume de dados carregados.

- Nunca modifique arquivos originais sem gerar uma cópia intermediária. Dados são ativos valiosos e precisam de versionamento.

- Ao consumir APIs, implemente retries e checagens de integridade (por exemplo, tamanho mínimo esperado ou campos obrigatórios).

- Crie logs automáticos de leitura e escrita com número de registros e timestamp. Isso facilita rastreamento de falhas em produção.

Resumo Estratégico

A manipulação eficiente de múltiplos formatos de dados é um dos maiores diferenciais em projetos de Ciência de Dados com impacto real. Com domínio sobre leitura, escrita e parsing de arquivos CSV, JSON, Excel e Parquet, o analista se torna apto a operar em qualquer ecossistema, desde experimentos locais até pipelines escaláveis em nuvem.

O uso estratégico de chunking, encodings corretos, normalização de dados aninhados e conectores externos garante fluidez e robustez nas etapas de ingestão. A habilidade de transformar dados durante a leitura, reduzir consumo de memória e validar estruturas complexas transforma a etapa de input em um verdadeiro motor de inteligência. Em ambientes produtivos, quem domina a entrada domina o ritmo do projeto.

CAPÍTULO 5. LIMPEZA, NORMALIZAÇÃO E QUALIDADE DE DADOS

Nenhum pipeline de Ciência de Dados alcança relevância real sem uma etapa rigorosa de limpeza e preparação dos dados. A qualidade dos dados define os limites da acurácia dos modelos, da confiabilidade das análises e da integridade das decisões extraídas. Dados brutos, por mais volumosos que sejam, são apenas matéria-prima. O verdadeiro valor só emerge quando esses dados são tratados, normalizados e organizados de forma estratégica.

Este capítulo aborda as técnicas fundamentais de identificação e tratamento de valores ausentes, detecção de outliers, remoção de inconsistências, normalização de escalas e automação do processo de *data wrangling*. Cada etapa é pensada para garantir que os dados estejam prontos para serem utilizados em modelagens avançadas e tomadas de decisão robustas.

Identificação de outliers e preenchimento de valores ausentes

Outliers representam valores que se distanciam de forma significativa do padrão esperado. Eles podem indicar erros de entrada, variações extremas legítimas ou fraudes. A detecção de outliers exige sensibilidade ao contexto e às características do dado analisado.

No Pandas, uma abordagem inicial é utilizar medidas descritivas:

python

```
import pandas as pd


df = pd.read_csv('clientes.csv')
df['idade'].describe()
```

Valores além de 1.5 vezes o intervalo interquartil (IQR) são fortes candidatos a outliers:

python

```
q1 = df['idade'].quantile(0.25)
q3 = df['idade'].quantile(0.75)
iqr = q3 - q1


filtro = (df['idade'] < (q1 - 1.5 * iqr)) | (df['idade'] > (q3 + 1.5 * iqr))
outliers = df[filtro]
```

Uma vez identificados, os outliers podem ser removidos, imputados ou tratados com técnicas robustas como transformação logarítmica ou normalização por robust scaler.

Valores ausentes são inevitáveis em dados reais. O Pandas facilita tanto a detecção quanto o tratamento:

python

```
df.isnull().sum()
```

Para preenchê-los, utiliza-se fillna. O valor pode ser constante, estatístico ou até mesmo interpolado:

python

```python
df['renda'] = df['renda'].fillna(df['renda'].median())
df['cidade'] = df['cidade'].fillna('Indefinido')
```

Em séries temporais, a interpolação temporal é útil:

python

```python
df['temperatura'] =
df['temperatura'].interpolate(method='time')
```

A remoção completa dos registros com dados ausentes deve ser evitada, salvo em casos específicos onde a ausência descaracteriza o ponto de dados.

Remoção e substituição de inconsistências

Inconsistências ocorrem quando os dados violam padrões esperados. Isso inclui erros ortográficos, formatos divergentes e uso não padronizado de símbolos.

Um caso comum envolve colunas com nomes de cidades ou categorias escritos de forma variada:

python

```python
df['cidade'].unique()
```

Para padronizar:

python

```python
df['cidade'] = df['cidade'].str.upper().str.strip()
df['cidade'] = df['cidade'].replace({'SÃO PAULO': 'SAO PAULO'})
```

Espaços em branco, acentos e variações linguísticas podem ser tratados com funções de string:

python

```python
df['produto']                                                    =
df['produto'].str.normalize('NFKD').str.encode('ascii',
errors='ignore').str.decode('utf-8')
```

Erros em valores numéricos, como inserção de vírgulas ou unidades, também exigem normalização antes da conversão de tipo:

python

```python
df['preco'] = df['preco'].str.replace(',', '.').str.replace('R$',
'').astype(float)
```

Quando inconsistências aparecem em colunas que deveriam conter apenas valores categóricos válidos, uma estratégia eficaz é o mapeamento com listas de referência:

python

```python
valores_validos = ['BÁSICO', 'INTERMEDIÁRIO', 'AVANÇADO']
df = df[df['nível'].isin(valores_validos)]
```

Essas limpezas preservam a integridade estatística e impedem que ruídos contaminem as análises posteriores.

Normalização e padronização

Normalizar é transformar os dados para que estejam numa mesma escala. Isso é essencial para algoritmos sensíveis à magnitude dos dados, como regressão linear, KNN e redes neurais.

A técnica de min-max scaling converte os valores para o intervalo de 0 a 1:

python

```
from sklearn.preprocessing import MinMaxScaler


scaler = MinMaxScaler()
df[['salario']] = scaler.fit_transform(df[['salario']])
```

A padronização, por sua vez, utiliza a média e o desvio padrão para centralizar os dados em torno de zero, com variância unitária:

python

```
from sklearn.preprocessing import StandardScaler


scaler = StandardScaler()
df[['idade']] = scaler.fit_transform(df[['idade']])
```

Outra técnica importante é a transformação robusta, que reduz o impacto de outliers:

python

```
from sklearn.preprocessing import RobustScaler
```

```
scaler = RobustScaler()

df[['desempenho']] = scaler.fit_transform(df[['desempenho']])
```

Escolher entre normalização, padronização ou escalonamento robusto depende da distribuição dos dados e da sensibilidade do modelo a ser aplicado. Para árvores de decisão, por exemplo, a escala não afeta a performance. Já para distâncias euclidianas, a transformação é essencial.

Data wrangling automatizada

Automatizar a limpeza e transformação de dados reduz retrabalho e garante reprodutibilidade. Uma prática eficiente é encapsular transformações em funções reutilizáveis:

python

```
def limpar_coluna(coluna):
    return
coluna.str.upper().str.strip().str.normalize('NFKD').str.encode(
'ascii', errors='ignore').str.decode('utf-8')
```

Essa função pode ser aplicada sistematicamente:

python

```
df['cidade'] = limpar_coluna(df['cidade'])
```

Outra estratégia é compor pipelines com bibliotecas como sklearn.pipeline, pandas-ply **ou** feature-engine:

python

```python
from sklearn.pipeline import Pipeline
from sklearn.impute import SimpleImputer
from sklearn.preprocessing import StandardScaler

pipeline = Pipeline([
    ('imputacao', SimpleImputer(strategy='median')),
    ('escala', StandardScaler())
])


df[['idade', 'salario']] = pipeline.fit_transform(df[['idade',
'salario']])
```

Quando as transformações precisam ser executadas em grandes volumes, o uso de Dask, modin ou PySpark permite paralelizar as etapas de wrangling em clusters ou múltiplos núcleos de CPU.

Fluxos automatizados são especialmente úteis em cenários de ingestão contínua, onde novos dados chegam frequentemente e precisam ser limpos antes de alimentar modelos em produção.

Resolução de Erros Comuns

Erro: "ValueError: could not convert string to float"
Causa provável: Dados com símbolos, separadores errados ou texto inserido em colunas numéricas.
Solução recomendada: Use str.replace para limpar o conteúdo e astype(float) após a sanitização.

Erro: "KeyError: 'coluna'"
Causa provável: Tentativa de aplicar transformações em colunas que foram renomeadas, excluídas ou não carregadas.
Solução recomendada: Verifique a presença das colunas com df.columns antes da transformação.

Erro: "Input contains NaN, infinity or a value too large"
Causa provável: Falha em preencher ou remover valores ausentes antes da modelagem.
Solução recomendada: Utilize fillna, dropna ou SimpleImputer para tratamento prévio.

Erro: "A value is trying to be set on a copy of a slice from a DataFrame"
Causa provável: Modificação de um subconjunto sem uso adequado de loc.
Solução recomendada: Sempre aplique modificações com df.loc[condição, 'coluna'] = novo_valor.

Boas Práticas

- Sempre analise a distribuição antes de aplicar normalização. Use histogramas ou boxplots para visualizar a dispersão.

- Evite decisões automáticas sobre outliers. Combine estatística descritiva com contexto de negócio.

- Encapsule transformações em funções com nomes claros. Isso reduz erros e aumenta a manutenibilidade.

- Nunca sobrescreva dados brutos. Mantenha cópias originais e versões tratadas com versionamento controlado.

- Documente todas as etapas de limpeza. Em ambientes regulatórios, a rastreabilidade é obrigatória.

- Teste pipelines com conjuntos reduzidos de dados antes de escalar para produção.

- Sempre valide os dados após transformação. O uso de .info(), .describe() e .isnull().sum() evita surpresas no modelo.

Resumo Estratégico

A qualidade dos dados é o alicerce técnico de toda cadeia analítica. Limpar, normalizar e transformar dados de forma sistemática é uma habilidade estratégica, que diferencia pipelines improvisados de fluxos industriais e robustos. O domínio sobre identificação de outliers, preenchimento de valores ausentes e normalização de escalas permite construir datasets consistentes, prontos para alimentar algoritmos de alto desempenho.

Automatizar a etapa de *data wrangling* aumenta a escalabilidade do time de dados, reduz erros operacionais e acelera ciclos de entrega. Ao tratar os dados com o mesmo rigor que se aplica ao código, criamos infraestruturas analíticas confiáveis, auditáveis e preparadas para qualquer cenário produtivo. Qualidade de dados não é etapa. É condição.

CAPÍTULO 6. NUMPY E COMPUTAÇÃO VETORIAL OTIMIZADA

A base de todo ecossistema de computação numérica em Python é o NumPy. Ao fornecer arrays multidimensionais com operações vetorizadas de alta performance, o NumPy torna possível realizar cálculos científicos, manipulações de dados e transformações estatísticas com desempenho comparável a linguagens compiladas. Para projetos de Ciência de Dados, o domínio do NumPy não é apenas desejável, mas obrigatório. Ele serve de fundação para bibliotecas como Pandas, Scikit-learn, SciPy e até frameworks de deep learning como PyTorch e TensorFlow.

Este capítulo explora a construção e manipulação de arrays multidimensionais, o conceito de *broadcasting*, as principais operações matemáticas, o controle de eixos, a integração com outras bibliotecas e estratégias práticas de otimização de performance e análise de gargalos computacionais.

Arrays multidimensionais e broadcasting

O objeto central do NumPy é o *ndarray* — uma estrutura de dados eficiente, homogênea e multidimensional. Ao contrário de listas Python, que podem conter elementos heterogêneos, os arrays NumPy operam sobre tipos consistentes, permitindo operações vetorizadas com uso mínimo de loops.

python

```
import numpy as np


a = np.array([1, 2, 3])
b = np.array([[1, 2, 3], [4, 5, 6]])
```

O array a é unidimensional; b é bidimensional. Ambos permitem acesso indexado e operações aritméticas diretas.

O *broadcasting* é um recurso fundamental do NumPy que permite a realização de operações entre arrays de formatos diferentes, sem necessidade de replicação manual. A regra de broadcasting alinha dimensões menores às maiores, expandindo valores automaticamente quando possível.

python

```
m = np.array([[1, 2], [3, 4]])
v = np.array([10, 20])


resultado = m + v
```

Nesse exemplo, o vetor v é automaticamente expandido para cada linha de m. O resultado é a soma linha a linha, sem loops explícitos.

Essa capacidade elimina a necessidade de estruturas de repetição para operações que envolvem vetores e matrizes, promovendo legibilidade e desempenho.

Operações matemáticas e manipulação de eixos

O NumPy oferece uma ampla gama de funções matemáticas vetorizadas que operam sobre arrays completos com alta eficiência. As funções aritméticas básicas estão disponíveis como operadores diretos:

python

```
x = np.array([1, 2, 3])
y = np.array([4, 5, 6])


soma = x + y
produto = x * y
```

Além disso, funções como np.exp, np.log, np.sqrt, np.sin e np.mean são aplicadas diretamente:

python

```
valores = np.array([1, 4, 9, 16])
raizes = np.sqrt(valores)
```

O conceito de *eixo* (axis) é essencial na manipulação de arrays multidimensionais. A escolha do eixo define como a operação será aplicada:

- axis=0: operação ao longo das colunas (varrendo linhas)

- axis=1: operação ao longo das linhas (varrendo colunas)

python

```
matriz = np.array([[1, 2], [3, 4]])
```

```
soma_linhas = matriz.sum(axis=1)
soma_colunas = matriz.sum(axis=0)
```

Entender e controlar os eixos é fundamental para realizar agregações, normalizações e projeções corretas.

Funções como np.argmax, np.cumsum e np.diff expandem as possibilidades analíticas, permitindo localizar máximos, construir séries acumuladas ou calcular variações entre elementos.

Interoperabilidade com outras bibliotecas

O NumPy foi projetado para interoperar com todo o ecossistema científico do Python. Pandas utiliza arrays NumPy internamente para representar colunas de DataFrames. Ao converter estruturas, a performance é mantida:

python

```
import pandas as pd


df = pd.DataFrame(np.random.rand(5, 3), columns=['a', 'b', 'c'])
array = df.values
```

A comunicação com o Scikit-learn também é nativa, já que modelos esperam arrays como entrada. Ao construir pipelines, é comum converter DataFrames Pandas para NumPy antes da modelagem:

python

```
from sklearn.linear_model import LinearRegression
```

```
modelo = LinearRegression()
modelo.fit(df.values, np.array([1, 2, 3, 4, 5]))
```

Frameworks de deep learning como PyTorch e TensorFlow possuem mecanismos diretos de conversão de tensores para arrays NumPy e vice-versa:

python

```
import torch
```

```
tensor = torch.tensor([1.0, 2.0])
array = tensor.numpy()
```

Além disso, bibliotecas como OpenCV e PIL, voltadas para processamento de imagens, utilizam arrays NumPy para representar pixels, canais e transformações geométricas. Essa integração reduz overhead de conversão e permite pipelines mais fluídos.

Ajuste de performance e profiling

O NumPy é muito eficiente, mas seu desempenho pode ser ainda mais aprimorado com algumas estratégias de engenharia.

O primeiro passo é evitar loops Python sobre arrays. Em vez de iterar linha por linha, deve-se aplicar funções vetorizadas:

python

```
# Ineficiente
```

```
squared = [x**2 for x in x_array]
```

```
# Eficiente
squared = np.square(x_array)
```

Funções internas do NumPy são escritas em C, o que garante performance superior à execução em Python puro.

Outra estratégia é o uso de *views* em vez de cópias. Ao fatiar arrays, o NumPy retorna uma *view* do original, evitando duplicação desnecessária na memória:

python

```
subarray = array[0:5]
```

A manipulação de tipos também afeta a performance. Trabalhar com float64 quando float32 é suficiente resulta em uso de memória desnecessário. Conversões controladas melhoram o desempenho sem perda significativa de precisão:

python

```
array = array.astype('float32')
```

Para investigar gargalos de performance, ferramentas como %timeit no Jupyter ou bibliotecas como line_profiler ajudam a identificar pontos críticos:

python

```
%timeit np.sum(array)
```

Em pipelines mais exigentes, bibliotecas como Numba e

Cython permitem compilar funções específicas, aumentando a velocidade de execução:

python

```
from numba import jit


@jit
def calcular(x):
    return x ** 2 + 3 * x - 5
```

Com essas otimizações, projetos que dependem de cálculos intensivos ganham em eficiência computacional, reduzindo tempo e custo de processamento.

Resolução de Erros Comuns

Erro: "ValueError: operands could not be broadcast together with shapes..."
Causa provável: Arrays com dimensões incompatíveis para broadcasting.
Solução recomendada: Verifique os formatos com array.shape e ajuste as dimensões com reshape ou expand_dims.

Erro: "TypeError: only size-1 arrays can be converted to Python scalars"
Causa provável: Tentativa de converter array multidimensional em escalar.
Solução recomendada: Use array.item() apenas em arrays de tamanho 1.

Erro: "MemoryError"
Causa provável: Criação de arrays grandes demais para a capacidade de RAM disponível.
Solução recomendada: Use dtype mais leves (como float32), otimize slices ou divida o processamento em blocos.

Erro: "IndexError: too many indices for array"
Causa provável: Acesso com número incorreto de dimensões.
Solução recomendada: Confirme o número de eixos com ndim e ajuste o acesso com array[i] ou array[i, j] conforme necessário.

Boas Práticas

- Sempre use operações vetorizadas no lugar de loops explícitos. Isso garante desempenho e clareza.

- Domine o uso de axis. Muitos erros de agregação e normalização são causados por má interpretação de eixos.

- Utilize np.where, np.select e np.clip para aplicar lógicas condicionais de forma eficiente.

- Evite conversões desnecessárias entre listas, DataFrames e arrays. Mantenha o tipo homogêneo ao longo do pipeline.

- Ao manipular imagens ou séries temporais, use slicing ao invés de copiar fatias. Isso economiza memória e tempo.

- Prefira np.dot para multiplicação de matrizes e np.linalg para operações lineares mais complexas.

- Documente a estrutura dos arrays em cada etapa. Manter controle de shapes e eixos é essencial em pipelines multidimensionais.

Resumo Estratégico

O NumPy é mais do que uma biblioteca: é o motor de vetorização que sustenta todo o ecossistema analítico em Python. Seu poder vem da simplicidade da sintaxe aliada à eficiência das operações em baixo nível. O domínio do uso de arrays, do controle de eixos e da aplicação de operações vetorizadas transforma a forma como cálculos são conduzidos, do protótipo ao ambiente de produção.

Ao integrar o NumPy de forma inteligente com outras bibliotecas e aplicar técnicas de profiling e ajuste de tipos, cientistas de dados ganham velocidade, precisão e controle. Em cenários onde o volume e a velocidade importam, o NumPy é o diferencial técnico que separa o código experimental do código de engenharia aplicada. Vetorizar não é apenas otimizar. É pensar em escala.

CAPÍTULO 7. VISUALIZAÇÃO ANALÍTICA COM MATPLOTLIB E SEABORN

A visualização de dados é um pilar técnico e comunicacional na Ciência de Dados. Mais do que ilustrações, os gráficos são instrumentos de leitura estratégica, validação de hipóteses, análise de comportamento e sustentação de argumentos em apresentações técnicas. Bibliotecas como Matplotlib e Seaborn oferecem ao cientista de dados controle absoluto sobre todos os elementos de um gráfico, da estética à escala, passando por anotações e interatividade. Saber utilizá-las com precisão amplia a capacidade analítica e melhora a transmissão de conhecimento técnico.

Este capítulo cobre desde a criação de gráficos básicos até visualizações multivariadas, ajustes de layout, integração com ambientes interativos e exportação de imagens. O foco está em construir visualizações úteis, interpretáveis e reproduzíveis, com o nível de refinamento exigido em ambientes profissionais.

Criação de gráficos técnicos e dashboards simples

A biblioteca Matplotlib é a base sobre a qual muitas ferramentas de visualização são construídas. Seu módulo principal, pyplot, permite construir gráficos com controle preciso sobre todos os elementos.

python

```
import matplotlib.pyplot as plt

x = [1, 2, 3, 4]
y = [10, 20, 25, 30]

plt.plot(x, y)
plt.title('Evolução de Vendas')
plt.xlabel('Trimestre')
plt.ylabel('Receita (mil)')
plt.grid(True)
plt.show()
```

O comando plt.plot gera um gráfico de linha padrão. O uso de title, xlabel e ylabel fornece contexto imediato. A ativação de grid melhora a leitura. Essa estrutura serve como esqueleto para visualizações mais complexas.

Para gráficos de barras, usamos plt.bar:

python

```
categorias = ['A', 'B', 'C']
valores = [100, 230, 180]

plt.bar(categorias, valores, color='steelblue')
plt.title('Distribuição por Categoria')
plt.show()
```

Gráficos de dispersão com plt.scatter são fundamentais na análise de correlação entre variáveis contínuas:

python

```
import numpy as np

x = np.random.rand(100)
y = x + np.random.normal(0, 0.1, 100)

plt.scatter(x, y, alpha=0.7)
plt.title('Relação X vs Y')
plt.xlabel('X')
plt.ylabel('Y')
plt.show()
```

A biblioteca Seaborn, construída sobre Matplotlib, adiciona gráficos estatísticos com menos código e melhor estilo padrão. Para um histograma com distribuição suavizada:

python

```
import seaborn as sns

dados = np.random.normal(size=1000)

sns.histplot(dados, kde=True)
plt.title('Distribuição de Variáveis')
```

```
plt.show()
```

Para dashboards simples, o uso de subplots permite organizar múltiplos gráficos em uma mesma figura:

python

```
fig, axs = plt.subplots(1, 2, figsize=(10, 4))

axs[0].bar(categorias, valores)
axs[0].set_title('Barras')

axs[1].plot(x, y)
axs[1].set_title('Linha')

plt.tight_layout()
plt.show()
```

Customização de layout, escalas e anotações

Visualizações técnicas exigem mais do que gráficos estéticos. É fundamental configurar escalas, limites, cores e anotações para que a informação seja lida de forma eficiente.

Com plt.xlim e plt.ylim definimos os limites de eixos:

python

```
plt.plot(x, y)
plt.xlim(0, 5)
plt.ylim(0, 40)
```

Para mudar a escala para logarítmica, usamos plt.xscale('log') ou plt.yscale('log'). Em dados que crescem exponencialmente, isso permite melhor distribuição visual.

Anotações tornam os gráficos mais informativos:

python

```
plt.plot(x, y)
plt.annotate('Pico', xy=(3, 25), xytext=(2.5, 30),
        arrowprops=dict(facecolor='black', shrink=0.05))
```

A função annotate insere texto e seta apontando para um ponto relevante. É muito útil em relatórios e apresentações.

A legenda é configurada com plt.legend, essencial em gráficos com múltiplas séries:

python

```
plt.plot(x, y, label='Série A')
plt.plot(x, [i * 0.8 for i in y], label='Série B')
plt.legend(loc='upper left')
```

O Seaborn já incorpora temas de forma nativa. Para ajustar estilos globais:

python

```
sns.set_style('whitegrid')
sns.set_context('talk')
```

Essas funções melhoram a legibilidade de forma consistente,

com foco em apresentações técnicas.

Visualização de dados multivariados

Analisar múltiplas variáveis simultaneamente exige gráficos que capturem relações complexas. O Seaborn oferece ferramentas diretas para isso.

O pairplot constrói matrizes de gráficos de dispersão para todas as combinações entre variáveis:

python

```
df = sns.load_dataset('iris')
sns.pairplot(df, hue='species')
```

A função hue colore os pontos de acordo com uma variável categórica, facilitando a identificação de padrões por grupo.

O heatmap permite visualizar matrizes numéricas como correlações:

python

```
correlacao = df.corr()
sns.heatmap(correlacao, annot=True, cmap='coolwarm')
```

Já o boxplot mostra a distribuição e outliers de uma variável numérica por categoria:

python

```
sns.boxplot(x='species', y='sepal_length', data=df)
```

Essas visualizações fornecem insights sobre dispersão, variabilidade e comportamento estatístico entre variáveis.

Para variáveis categóricas combinadas com contínuas, o violinplot oferece uma alternativa rica ao boxplot:

python

```
sns.violinplot(x='species', y='sepal_width', data=df)
```

É importante lembrar que visualizações multivariadas exigem dados limpos e bem estruturados. Valores ausentes, formatos inconsistentes ou escalas incompatíveis comprometem a leitura visual.

Integração com notebooks e exportação

Trabalhar em notebooks Jupyter permite gerar gráficos interativos e documentar o raciocínio analítico. O Matplotlib e o Seaborn se integram automaticamente com %matplotlib inline:

python

```
%matplotlib inline
```

Essa linha garante que os gráficos apareçam no próprio notebook. Para gráficos interativos, matplotlib notebook ou bibliotecas como Plotly são alternativas mais avançadas.

Exportar gráficos é essencial para relatórios e apresentações:

python

```
plt.savefig('grafico.png', dpi=300, bbox_inches='tight')
```

O parâmetro dpi define a qualidade da imagem. Já bbox_inches='tight' remove espaços em branco.

É possível exportar em múltiplos formatos:

- PNG para apresentações

- PDF para impressão

- SVG para gráficos vetoriais

Em ambientes de automação, salvar gráficos programaticamente permite construir relatórios automáticos:

python

```
for categoria in df['categoria'].unique():
    dados = df[df['categoria'] == categoria]
    plt.figure()
    sns.histplot(dados['valor'])
    plt.title(f'Distribuição – {categoria}')
    plt.savefig(f'{categoria}.png')
```

Esse padrão é útil em dashboards batch, monitoramento e geração de material técnico.

Resolução de Erros Comuns

Erro: "ValueError: x and y must have same first dimension"
Causa provável: Listas ou arrays com tamanhos diferentes.
Solução recomendada: Verifique com len(x) e len(y). Ajuste os dados para que tenham a mesma dimensão.

Erro: "TypeError: 'AxesSubplot' object is not callable"
Causa provável: Tentativa de usar () em objetos de gráfico ao invés de métodos como .plot.

Solução recomendada: Substitua eixo() por eixo.plot(...).

Erro: "AttributeError: module 'matplotlib.pyplot' has no attribute 'histplot'"
Causa provável: Uso de função do Seaborn como se fosse do Matplotlib.
Solução recomendada: Use sns.histplot com import seaborn as sns.

Erro: "RuntimeError: Failed to process string with tex because latex could not be found"
Causa provável: Ativação de renderização com LaTeX sem o LaTeX instalado.
Solução recomendada: Desative com rcParams['text.usetex'] = False ou instale o pacote necessário.

Boas Práticas

- Utilize títulos claros e eixos com rótulos descritivos. A visualização deve ser compreensível sem legenda adicional.

- Prefira sns.set_style e sns.set_context para definir padrões gráficos no início do notebook ou script.

- Evite sobrecarga visual. Gráficos com muitas séries ou muitos pontos confundem em vez de esclarecer.

- Em gráficos multivariados, padronize as escalas antes de comparar variáveis diferentes.

- Use tight_layout ou ajuste manual de figsize para evitar

cortes de eixos e sobreposição de elementos.

- Documente visualizações em ambientes colaborativos. O raciocínio por trás do gráfico é tão importante quanto a imagem.

- Ao automatizar exportações, valide a integridade de cada imagem com verificação de existência, tamanho e abertura em sistemas externos.

Resumo Estratégico

Visualizações analíticas não são acessórios. São componentes centrais da engenharia de compreensão de dados. Com Matplotlib e Seaborn, o cientista de dados possui uma caixa de ferramentas poderosa, capaz de produzir gráficos técnicos, comparativos, exploratórios e explicativos com fluidez e controle total.

O domínio sobre os elementos visuais – escalas, eixos, cores, anotações, subplots e temas – eleva a análise para o nível da engenharia da percepção. Ao integrar visualizações com notebooks e sistemas de exportação, os insights se tornam portáveis, replicáveis e úteis para múltiplos públicos. Visualizar é traduzir complexidade em clareza. E quem domina essa tradução, com precisão técnica e estética funcional, transforma dados em impacto.

CAPÍTULO 8. DATA WRANGLING EM LARGA ESCALA

À medida que os volumes de dados ultrapassam a capacidade da memória principal, abordagens tradicionais com Pandas se tornam insuficientes. Projetos de Ciência de Dados que operam com múltiplos gigabytes ou terabytes de informação exigem ferramentas especializadas para processamento paralelo, controle refinado de recursos de hardware e estratégias avançadas de persistência e cache. Neste contexto, bibliotecas como Dask e Modin assumem papel central, viabilizando *data wrangling* escalável e eficiente, mantendo a familiaridade da interface Pandas.

Este capítulo apresenta as principais abordagens para manipulação de dados em larga escala com foco em performance real. São discutidos o modelo distribuído do Dask, a aceleração com Modin sobre Ray ou Dask, técnicas de paralelismo nativo, controle de consumo de CPU e memória, uso estratégico de checkpoints, cache em disco e a estruturação de pipelines otimizados para ambientes intensivos.

Processamento distribuído com Dask e Modin

Dask é uma biblioteca que estende a interface do Pandas para operações paralelas, distribuídas e baseadas em grafos de tarefas. Seu diferencial está na capacidade de operar sobre coleções maiores que a memória RAM, particionando os dados e distribuindo o trabalho entre múltiplos núcleos ou nós.

A criação de um DataFrame Dask é direta:

python

```python
import dask.dataframe as dd

df = dd.read_csv('grande_arquivo.csv')
```

Mesmo com sintaxe semelhante ao Pandas, o Dask não executa operações imediatamente. Ele constrói um grafo de tarefas que será avaliado apenas quando um comando de computação for chamado:

python

```python
media = df['coluna_numerica'].mean()
resultado = media.compute()
```

A função compute() dispara o processamento efetivo, otimizando o plano de execução para uso eficiente de recursos.

Já o Modin permite acelerar código Pandas com mudanças mínimas. Ele substitui o backend padrão por engines paralelas como Ray ou Dask, mantendo compatibilidade quase total com Pandas:

python

```python
import modin.pandas as pd

df = pd.read_csv('grande_arquivo.csv')
df['nova_coluna'] = df['coluna'] * 2
```

Ao contrário do Dask, o Modin busca replicar integralmente a API do Pandas. Isso facilita a adoção em bases legadas sem necessidade de reescrita. O ganho de performance ocorre de forma transparente, distribuindo operações entre múltiplos núcleos.

Ambas as abordagens compartilham a ideia de *lazy evaluation* e execução paralela, mas diferem em foco. O Dask é ideal para cenários distribuídos e pipelines explícitos. O Modin brilha em substituição direta com otimizações automáticas.

Gerenciamento de recursos de hardware

Ao trabalhar com datasets extensos, o uso eficiente de memória, CPU e disco é determinante. Bibliotecas como Dask e Modin oferecem formas explícitas de controlar esses recursos.

No Dask, o uso de clusters locais permite especificar número de workers e threads:

python

```
from dask.distributed import Client, LocalCluster


cluster = LocalCluster(n_workers=4, threads_per_worker=2,
memory_limit='4GB')

client = Client(cluster)
```

Isso garante que o processo nunca ultrapasse os limites físicos da máquina. O painel de controle do Dask (client.dashboard_link) permite monitoramento em tempo real, com gráficos de uso de CPU, memória e tempo de execução de tarefas.

Operações que consomem muita memória devem ser divididas em etapas menores ou aplicadas sobre partições. O Dask permite usar map_partitions para aplicar transformações sem expandir o uso de memória total:

python

```python
def limpar(df):
    df['coluna'] = df['coluna'].str.strip().str.lower()
    return df


df = df.map_partitions(limpar)
```

Já o Modin delega o controle de recursos ao backend Ray. O gerenciamento é feito com o ray.init:

python

```python
import ray


ray.init(num_cpus=4, memory=8*1024**3)
```

Esse controle explícito evita sobrecarga em servidores compartilhados ou notebooks na nuvem.

Em ambos os casos, é fundamental testar configurações ideais para cada ambiente. O mesmo código pode escalar de uma estação local a um cluster distribuído apenas trocando o tipo de client ou engine.

Persistência, checkpointing e cache

Em pipelines extensos, recomputar etapas anteriores consome tempo e recursos. A persistência de resultados intermediários é uma prática essencial para otimização.

O Dask permite persistir objetos em memória compartilhada com persist:

python

```
df_persistido = df.persist()
```

Ao usar persist, o Dask executa as tarefas do grafo atual e armazena o resultado em memória, evitando reprocessamento. Isso é útil após etapas pesadas como joins, filtros ou agregações.

Para salvar em disco, usamos formatos otimizados como Parquet:

python

```
df.to_parquet('dados_parquet/', engine='pyarrow')
```

Esse formato suporta compressão, leitura seletiva de colunas e filtros por partição. É ideal para checkpoints reutilizáveis entre execuções.

O cache temporário também pode ser controlado manualmente. Ao trabalhar com funções customizadas, vale a pena salvar partes do pipeline em arquivos intermediários, evitando reexecução de cálculos determinísticos:

python

```
if os.path.exists('limpo.parquet'):
    df = dd.read_parquet('limpo.parquet')
else:
    df = preprocessar(df_original)
    df.to_parquet('limpo.parquet')
```

Essa abordagem garante reproducibilidade e economia computacional em ambientes de produção.

Paralelismo e otimização de pipelines

A engenharia de pipelines em larga escala requer entendimento profundo do paralelismo nativo das bibliotecas. No Dask, cada transformação compõe um grafo de tarefas. A otimização ocorre pela fusão, reordenação e paralelização dessas tarefas.

Transformações com map_partitions, repartition, filter e merge devem ser planejadas para que cada partição seja independente e balanceada.

python

```
df = df.repartition(npartitions=10)
```

A repartição explícita garante que as tarefas sejam bem distribuídas entre os workers.

Atenção especial deve ser dada a joins e groupbys. Operações que exigem *shuffle* de dados entre partições são mais custosas. Sempre que possível, evite joins cruzados ou agregações sobre chaves muito diversas.

Com o Modin, o paralelismo ocorre sob demanda. Mesmo assim, pipelines com múltiplas transformações podem ser otimizados ao evitar repetições de etapas e preferir operações vetorizadas.

Em ambos os casos, a paralelização explícita exige pensar diferente: ao invés de transformar todo o DataFrame de uma vez, devemos projetar etapas que operem de forma independente sobre fatias dos dados.

Resolução de Erros Comuns

Erro: "Killed" durante execução de read_csv

Causa provável: Dataset excedeu a memória disponível no ambiente.

Solução recomendada: Use Dask ou Modin com controle de memória e leitura em blocos.

Erro: "AttributeError: 'DataFrame' object has no attribute 'compute'"

Causa provável: Uso de métodos Dask em um DataFrame Pandas ou Modin.

Solução recomendada: Verifique a origem da estrutura com type(df). Só objetos Dask possuem .compute().

Erro: "Too many open files"

Causa provável: Particionamento excessivo gerando abertura simultânea de muitos arquivos.

Solução recomendada: Reduza o número de partições ou use blocksize ao ler arquivos.

Erro: "Worker exceeded memory limit"

Causa provável: Operação intermediária ultrapassando memória alocada do worker.

Solução recomendada: Reparticione o DataFrame, use persistência intermediária ou aumente memory_limit.

Boas Práticas

- Comece com Pandas para validar lógica em pequeno volume e migre para Dask ou Modin ao escalar.

- Evite lambdas aninhadas. Prefira funções nomeadas para map_partitions, pois são mais fáceis de testar.

- Configure clusters locais com limites claros de memória para evitar sobrecarga do sistema.

- Sempre salve checkpoints após transformações pesadas. Isso reduz tempo de recomputação.

- Documente cada etapa do pipeline com nomes descritivos e comentários técnicos. Em ambientes distribuídos, a rastreabilidade é fundamental.

- Teste pipelines com amostras de dados antes de aplicar sobre a base completa. Isso ajuda a prever tempo e consumo de recursos.

- Utilize formatos binários otimizados como Parquet e Feather. Eles são mais rápidos e ocupam menos espaço que CSV.

- Analise o grafo de tarefas no Dask com df.visualize() para entender os pontos críticos de execução.

Resumo Estratégico

Data wrangling em larga escala não é apenas uma questão de processar mais dados. É sobre projetar fluxos de transformação robustos, paralelizáveis e sustentáveis, capazes de operar em ambientes de alta pressão com desempenho previsível. O domínio de ferramentas como Dask e Modin transforma pipelines que antes travavam em fluxos otimizados e escaláveis.

Ao estruturar o processamento em partições, controlar recursos com precisão e utilizar persistência inteligente, o cientista de dados assume o papel de engenheiro de dados analíticos, desenhando infraestruturas de preparação que alimentam modelos, dashboards e decisões em produção. Escalar não é apenas multiplicar volume. É garantir performance, controle e reprodutibilidade em qualquer cenário.

CAPÍTULO 9. FEATURE ENGINEERING AVANÇADO

A engenharia de atributos é a espinha dorsal da performance em modelos de Machine Learning. É na forma como os dados são representados, enriquecidos e estruturados que se define o potencial preditivo de um pipeline. Modelos de alta qualidade exigem dados bem modelados, e isso raramente acontece com variáveis brutas. O trabalho técnico de extrair, transformar, selecionar e avaliar atributos é o que separa pipelines experimentais de soluções robustas e produtivas.

Este capítulo apresenta estratégias avançadas de *feature engineering*, abrangendo criação e extração de atributos, tratamento específico para variáveis categóricas, textuais e temporais, técnicas de redução de dimensionalidade e métodos para análise de correlação e relevância estatística. O objetivo é desenvolver uma abordagem sistemática, eficiente e tecnicamente sólida para representar dados com precisão e inteligência.

Extração e criação de atributos

A extração de atributos transforma dados brutos em representações analíticas mais informativas. Criar variáveis derivadas é uma das etapas mais impactantes para o desempenho de modelos.

Variáveis contínuas podem ser segmentadas por faixas:

python

```
import pandas as pd


df = pd.DataFrame({'idade': [23, 45, 67, 38]})
df['faixa_etaria'] = pd.cut(df['idade'], bins=[0, 30, 50, 100],
labels=['jovem', 'adulto', 'idoso'])
```

A combinação de colunas também gera insights relevantes. Em dados financeiros, a criação de indicadores como razão entre renda e despesas é comum:

python

```
df['comprometimento'] = df['despesas'] / df['renda']
```

Transformações logarítmicas, exponenciais ou raiz quadrada são utilizadas para normalizar distribuições enviesadas:

python

```
df['log_renda'] = df['renda'].apply(lambda x: np.log1p(x))
```

Outro recurso valioso é a criação de flags binárias, úteis em modelos lineares:

python

```
df['tem_carteira'] = df['carteira'].notnull().astype(int)
```

A criação de atributos deve estar sempre alinhada a hipóteses do domínio. Conhecimento técnico e contexto de negócio orientam quais variáveis podem capturar padrões relevantes.

Tratamento de variáveis categóricas, textuais e temporais

Variáveis categóricas exigem codificação adequada para uso em modelos. A escolha da técnica depende do algoritmo e da cardinalidade da variável.

A codificação *one-hot* é apropriada quando há poucas categorias e o modelo não é sensível à dimensionalidade:

python

```
df = pd.get_dummies(df, columns=['estado_civil'])
```

Já a codificação *ordinal* assume relação hierárquica entre os valores:

python

```
mapa = {'fundamental': 1, 'médio': 2, 'superior': 3}
df['escolaridade'] = df['escolaridade'].map(mapa)
```

Para variáveis de alta cardinalidade, técnicas como *target encoding* ou *frequency encoding* reduzem o número de colunas criadas:

python

```
frequencias = df['bairro'].value_counts(normalize=True)
df['bairro_freq'] = df['bairro'].map(frequencias)
```

Em textos, o pré-processamento transforma dados não estruturados em representações vetoriais:

python

```
from sklearn.feature_extraction.text import TfidfVectorizer
```

```
vetor = TfidfVectorizer(max_features=100)
matriz = vetor.fit_transform(df['comentario'])
```

O TfidfVectorizer gera atributos que capturam relevância sem inflar dimensionalidade. Em projetos com mais recursos, embeddings pré-treinados ou modelos de linguagem ajustados ao domínio substituem representações esparsas.

Em variáveis temporais, a decomposição em componentes facilita a modelagem de padrões sazonais:

python

```
df['data'] = pd.to_datetime(df['data_compra'])
df['ano'] = df['data'].dt.year
df['mes'] = df['data'].dt.month
df['dia_semana'] = df['data'].dt.dayofweek
```

A criação de variáveis como *dias desde o último evento* ou *tempo desde o cadastro* melhora significativamente a sensibilidade temporal do modelo:

python

```
df['dias_ultima_compra']     =     (df['data_referencia']     -
df['data_compra']).dt.days
```

Redução de dimensionalidade e seleção de features

Conjuntos de dados com centenas ou milhares de atributos demandam técnicas de seleção e redução de dimensionalidade. Eliminar variáveis redundantes, ruidosas ou irrelevantes melhora a generalização e reduz o custo computacional.

A *variância* é uma métrica inicial para filtrar variáveis constantes:

python

```
from sklearn.feature_selection import VarianceThreshold


seletor = VarianceThreshold(threshold=0.01)
X_filtrado = seletor.fit_transform(X)
```

Métodos supervisionados como *SelectKBest* permitem selecionar atributos com maior correlação com o target:

python

```
from sklearn.feature_selection import SelectKBest, f_classif


seletor = SelectKBest(score_func=f_classif, k=10)
X_selecionado = seletor.fit_transform(X, y)
```

Modelos baseados em árvores como *RandomForest* e *XGBoost* geram rankings de importância:

python

```
from sklearn.ensemble import RandomForestClassifier


modelo = RandomForestClassifier()
modelo.fit(X, y)
importancias = modelo.feature_importances_
```

A redução de dimensionalidade também pode ser realizada com técnicas de projeção, como PCA:

python

```
from sklearn.decomposition import PCA

pca = PCA(n_components=5)
X_reduzido = pca.fit_transform(X)
```

A escolha entre seleção e projeção depende do objetivo. Seleção preserva o significado original das variáveis. Projeção busca compacidade estatística, útil em visualizações e modelos com regularização forte.

Análise de relevância estatística e correlação

Entender a relação entre atributos e o target é essencial para modelar com precisão. A correlação linear é o primeiro passo:

python

```
correlacoes = df.corr()['target'].sort_values(ascending=False)
```

Valores altos indicam relação direta ou inversa, mas correlação não implica causalidade. Testes estatísticos complementam a análise:

- Para variáveis contínuas, usamos *ANOVA* ou *t-test* para avaliar a diferença de médias.

- Para categóricas, usamos *chi-quadrado* ou *cramer's V*.

python

```
from sklearn.feature_selection import chi2

chi_scores, _ = chi2(X, y)
```

Outra abordagem é medir a dependência mútua entre variáveis:

python

```
from sklearn.feature_selection import mutual_info_classif

info = mutual_info_classif(X, y)
```

Essas métricas capturam relações não lineares e ajudam a priorizar atributos mesmo quando a correlação linear é baixa.

Também é importante monitorar a multicolinearidade entre features. Correlações muito altas entre variáveis independentes prejudicam modelos lineares. O *VIF* (Variance Inflation Factor) é usado para diagnosticar esse problema:

python

```
from statsmodels.stats.outliers_influence import variance_inflation_factor

vif = [variance_inflation_factor(X.values, i) for i in range(X.shape[1])]
```

Valores acima de 10 indicam redundância crítica.

Resolução de Erros Comuns

Erro: "ValueError: could not convert string to float"
Causa provável: Dados categóricos não tratados inseridos em modelo ou transformação numérica.
Solução recomendada: Codifique variáveis categóricas com get_dummies, map ou LabelEncoder antes do uso.

Erro: "Input contains NaN, infinity or a value too large"
Causa provável: Presença de valores ausentes não tratados.
Solução recomendada: Use fillna ou SimpleImputer para preencher valores antes de alimentar o modelo.

Erro: "negative values in data passed to TfidfTransformer"
Causa provável: Aplicação incorreta de pré-processamento de texto.
Solução recomendada: Verifique se os dados estão normalizados e tokenizados corretamente antes do TfidfVectorizer.

Erro: "n_components must be <= n_features"
Causa provável: Definição de número de componentes maior que o número de variáveis disponíveis no PCA.
Solução recomendada: Ajuste n_components para um valor igual ou menor que X.shape[1].

Boas Práticas

- Comece a criação de atributos com hipóteses simples, baseadas no negócio, e valide seu impacto antes de complexificar.

- Evite one-hot encoding indiscriminado em variáveis de alta cardinalidade. Use codificações alternativas.

- Sempre normalize ou padronize atributos contínuos antes de aplicar PCA ou modelos sensíveis à escala.

- Prefira seletores supervisionados quando o objetivo for performance preditiva. Use análise de variância apenas como apoio exploratório.

- Documente todas as transformações aplicadas. Em pipelines produtivos, a rastreabilidade é tão importante quanto a performance.

- Utilize pipelines do Scikit-learn para encapsular transformações. Isso garante reprodutibilidade e compatibilidade com grid search.

- Ao trabalhar com texto ou tempo, trate o pré-processamento como etapa crítica do pipeline, e não como operação paralela.

- Teste diferentes abordagens de seleção de atributos e valide com *cross-validation*. Não confie apenas em uma métrica ou técnica.

Resumo Estratégico

Feature engineering avançado é um processo técnico e criativo. Sua força está na capacidade de traduzir estruturas brutas em representações analíticas que maximizam o aprendizado dos modelos. Ao dominar técnicas de extração, codificação, transformação e seleção de atributos, o cientista de dados amplia radicalmente a capacidade preditiva de seus algoritmos.

Mais do que técnica, engenharia de atributos é arquitetura. Ela exige visão sistêmica, domínio estatístico e sensibilidade contextual. A representação certa dos dados não apenas melhora métricas. Ela muda o jogo. Porque quem controla as features, controla o modelo. E quem controla o modelo, comanda a entrega de valor.

CAPÍTULO 10. FUNDAMENTOS DE ESTATÍSTICA APLICADA

Estatística é o núcleo técnico que sustenta toda a estrutura analítica da Ciência de Dados. Ao compreender distribuições, médias, variâncias, intervalos de confiança, correlações e testes de hipótese, o profissional ganha domínio não apenas sobre os números, mas sobre os padrões e incertezas que eles carregam. A estatística aplicada não se limita a cálculos — ela fornece as bases para inferência, validação e controle de qualidade em qualquer pipeline de análise. Dominar esses fundamentos é requisito para projetar soluções confiáveis, interpretar resultados com rigor e construir modelos que realmente representem o comportamento do mundo real.

Este capítulo apresenta os fundamentos estatísticos estruturados para aplicação direta em ambientes de dados. Aborda distribuições, medidas de tendência central e dispersão, análise inferencial com testes e intervalos, interpretação de correlações, regressões simples e técnicas robustas para avaliação da qualidade dos dados. O foco é desenvolver precisão técnica com clareza operacional, sempre orientado a aplicações práticas e decisões estruturadas.

Distribuições, médias e variâncias

O primeiro passo da análise estatística é entender como os dados se distribuem. A distribuição de uma variável revela padrões, desvios e características essenciais do fenômeno estudado. Identificar se a distribuição é simétrica, assimétrica, concentrada ou dispersa afeta diretamente a escolha dos modelos, transformações e técnicas de validação.

A distribuição normal é um ponto de referência clássico:

python

```
import numpy as np
import seaborn as sns
import matplotlib.pyplot as plt


dados = np.random.normal(loc=50, scale=10, size=1000)
sns.histplot(dados, kde=True)
plt.title('Distribuição Normal Simulada')
plt.show()
```

A visualização da curva com kde=True permite verificar a simetria da distribuição. Se os dados forem assimétricos, transformações logarítmicas ou raiz quadrada ajudam a aproximar da normalidade, condição exigida por muitos testes inferenciais.

A média aritmética representa o centro dos dados:

python

```
np.mean(dados)
```

Mas ela é sensível a outliers. Em dados com valores extremos, a mediana é mais robusta:

python

```
np.median(dados)
```

A variância mede a dispersão dos dados em relação à média. Quanto maior a variância, mais espalhados estão os dados:

python

```
np.var(dados)
```

Para análise descritiva completa, usamos o describe do Pandas:

python

```
import pandas as pd


serie = pd.Series(dados)
serie.describe()
```

Esse resumo estatístico orienta a construção de regras de negócio, detecção de anomalias e parametrização de modelos.

Intervalos de confiança e testes de hipótese

A estatística descritiva resume o que os dados mostram. A estatística inferencial permite projetar esses achados para além da amostra, com controle sobre o grau de incerteza.

O intervalo de confiança define um limite superior e inferior em que a média populacional provavelmente se encontra, dado o comportamento da amostra:

python

```
import scipy.stats as stats
```

```python
media = np.mean(dados)
desvio = np.std(dados, ddof=1)
n = len(dados)
intervalo = stats.t.interval(confidence=0.95, df=n-1,
loc=media, scale=desvio/np.sqrt(n))
```

O intervalo gerado mostra a faixa de valores esperada para a média populacional com 95% de confiança.

Nos testes de hipótese, partimos de uma suposição (hipótese nula) e usamos os dados para decidir se ela deve ser rejeitada. O valor-p (p-value) é o critério para essa decisão.

O teste t é usado para comparar a média de uma amostra com um valor de referência:

python

```python
stats.ttest_1samp(dados, popmean=52)
```

Se o p-value for menor que 0.05, rejeita-se a hipótese de que a média seja igual a 52.

Para comparar duas amostras:

python

```python
grupo1 = np.random.normal(50, 5, 100)
grupo2 = np.random.normal(52, 5, 100)

stats.ttest_ind(grupo1, grupo2)
```

Em dados categóricos, usamos o teste qui-quadrado:

python

```
from scipy.stats import chi2_contingency

tabela = pd.crosstab(df['genero'], df['compra'])
chi2_contingency(tabela)
```

Testes inferenciais orientam decisões baseadas em dados, sustentadas por evidências estatísticas, e não apenas por observações pontuais.

Análise de correlação e regressões básicas

A correlação mede a força e a direção da relação entre duas variáveis. A correlação de Pearson é a mais comum para variáveis contínuas:

python

```
from scipy.stats import pearsonr

pearsonr(df['idade'], df['renda'])
```

O resultado inclui o coeficiente de correlação (entre -1 e 1) e o p-value. Valores próximos de 1 ou -1 indicam correlação forte; p-values baixos indicam significância estatística.

Para variáveis que não seguem distribuição normal, usamos a correlação de Spearman:

python

```
from scipy.stats import spearmanr
```

```
spearmanr(df['idade'], df['renda'])
```

A regressão linear simples modela a relação entre uma variável independente e uma dependente:

python

```
from sklearn.linear_model import LinearRegression
```

```
X = df[['idade']]
y = df['renda']
modelo = LinearRegression().fit(X, y)
```

```
modelo.coef_, modelo.intercept_
```

O coeficiente indica o quanto a renda varia para cada unidade adicional de idade. A regressão permite prever valores e interpretar padrões de forma contínua.

Para avaliar a qualidade do modelo, usamos o R^2:

python

```
modelo.score(X, y)
```

Esse valor representa a proporção da variância da variável dependente explicada pela variável independente. Regressões simples são ponto de partida para modelos mais complexos, mas já fornecem insights de grande valor em análises exploratórias.

Estatística robusta para controle de qualidade

Nem todos os dados seguem padrões limpos e simétricos. Em muitos contextos, é necessário usar medidas resistentes a outliers, valores ausentes e comportamentos não lineares.

A mediana e os quartis são mais robustos que a média e a variância:

python

```
q1 = serie.quantile(0.25)

q3 = serie.quantile(0.75)

iqr = q3 - q1
```

O IQR (intervalo interquartil) é usado para detectar outliers com base na regra de 1.5*IQR:

python

```
limite_inferior = q1 - 1.5 * iqr

limite_superior = q3 + 1.5 * iqr

outliers = serie[(serie < limite_inferior) | (serie > limite_superior)]
```

Outro recurso robusto é a média aparada (*trimmed mean*), que remove uma fração dos valores extremos antes do cálculo:

python

```
from scipy.stats import trim_mean

trim_mean(dados, proportiontocut=0.1)
```

Essas abordagens são especialmente úteis em controle de qualidade industrial, análise de fraudes ou monitoramento de métricas sensíveis a desvios extremos.

Resolução de Erros Comuns

Erro: "ValueError: operands could not be broadcast together"
Causa provável: Arrays de tamanhos incompatíveis ao aplicar operações matemáticas.
Solução recomendada: Verifique os shapes dos arrays com .shape e ajuste com .reshape() se necessário.

Erro: "nan in statistics result"
Causa provável: Presença de valores ausentes não tratados nas variáveis.
Solução recomendada: Use dropna() ou fillna() antes de cálculos estatísticos.

Erro: "Singular matrix" em regressão
Causa provável: Colinearidade perfeita entre variáveis independentes.
Solução recomendada: Verifique correlação entre features e remova variáveis redundantes.

Erro: "Ttest_ind requires at least two observations in each group"
Causa provável: Grupos vazios ou com poucos dados.
Solução recomendada: Valide o tamanho das amostras antes de aplicar testes inferenciais.

Boas Práticas

- Utilize visualizações como histogramas e boxplots antes de aplicar testes estatísticos. A forma dos dados afeta a escolha da técnica.

- Prefira testes não paramétricos quando a distribuição não for normal ou o tamanho da amostra for pequeno.

- Documente claramente hipóteses nulas, alternativas e níveis de significância antes de realizar qualquer teste.

- Ao comparar grupos, assegure que eles sejam mutuamente exclusivos e independentes.

- Verifique pressupostos dos testes antes de confiar nos resultados. Isso inclui normalidade, homocedasticidade e independência.

- Use statsmodels para relatórios estatísticos mais completos com p-values, coeficientes e intervalos.

- Interprete valores-p com cuidado. Eles indicam significância, mas não magnitude do efeito.

Resumo Estratégico

Estatística aplicada é o coração técnico da análise de dados. É ela que transforma observações em conhecimento, amostras em inferências e números em decisões. Entender distribuições, medir tendências, testar hipóteses e avaliar relações entre variáveis são habilidades fundamentais para qualquer profissional que opera com dados em ambientes técnicos ou estratégicos.

Ao aplicar esses conceitos com clareza, rigor e precisão, o cientista de dados constrói soluções confiáveis, interpreta resultados com segurança e evita armadilhas de interpretação comuns. A estatística não é um acessório metodológico. Ela é o alicerce da ciência de dados responsável. Dominar sua aplicação prática é requisito para entregar valor com credibilidade, precisão e impacto mensurável.

CAPÍTULO 11. MODELOS DE REGRESSÃO E REGULARIZAÇÃO

Modelos de regressão são a base da predição em dados contínuos. Da regressão linear simples à múltipla, e da regressão penalizada com Ridge e Lasso até o ajuste fino com Elastic Net, essa família de algoritmos oferece precisão, transparência e flexibilidade na modelagem de relações quantitativas. Mais do que prever valores, regressão é uma forma de entender a influência de variáveis, quantificar impactos e construir representações matemáticas que sustentam decisões técnicas e estratégicas.

Este capítulo explora a aplicação prática da regressão linear múltipla, a importância da regularização para controlar sobreajuste, os critérios para escolha e ajuste de hiperparâmetros, a análise de resíduos para validação estrutural do modelo e o uso de validação cruzada para avaliação robusta do desempenho. O foco é construir uma base sólida de engenharia preditiva com modelos interpretáveis e tecnicamente confiáveis.

Regressão linear múltipla

A regressão linear múltipla modela a relação entre uma variável resposta contínua e duas ou mais variáveis explicativas. Seu objetivo é encontrar os coeficientes que minimizam a diferença entre os valores observados e os valores previstos.

python

```
import pandas as pd
from sklearn.linear_model import LinearRegression

df = pd.read_csv('dados.csv')
X = df[['idade', 'experiencia', 'educacao']]
y = df['salario']

modelo = LinearRegression()
modelo.fit(X, y)
```

Os coeficientes obtidos indicam a variação esperada na variável dependente a cada unidade de incremento nas variáveis independentes, mantendo as demais constantes.

python

```
coeficientes = pd.Series(modelo.coef_, index=X.columns)
intercepto = modelo.intercept_
```

A previsão é feita diretamente com predict:

python

```
y_pred = modelo.predict(X)
```

A qualidade da regressão é medida pelo R^2, que representa a proporção da variância da variável resposta explicada pelas variáveis preditoras.

python

```
modelo.score(X, y)
```

Modelos lineares múltiplos exigem atenção a multicolinearidade, normalidade dos resíduos e distribuição homogênea dos erros. A simplicidade da fórmula não elimina a complexidade da validação estrutural.

Ridge, Lasso, Elastic Net e aplicações práticas

A regressão penalizada adiciona termos de regularização à função de custo para evitar sobreajuste e melhorar a generalização.

O modelo Ridge adiciona uma penalização L2, que diminui os coeficientes sem zerá-los:

python

```
from sklearn.linear_model import Ridge

ridge = Ridge(alpha=1.0)
ridge.fit(X, y)
```

O modelo Lasso utiliza penalização L1, que pode zerar coeficientes e, assim, realizar seleção de variáveis:

python

```
from sklearn.linear_model import Lasso

lasso = Lasso(alpha=0.1)
lasso.fit(X, y)
```

O Elastic Net combina as penalizações L1 e L2, permitindo equilíbrio entre redução e seleção:

python

```
from sklearn.linear_model import ElasticNet


elastic = ElasticNet(alpha=0.1, l1_ratio=0.5)
elastic.fit(X, y)
```

A escolha do modelo penalizado depende da estrutura dos dados:

- Use Ridge quando há muitas variáveis correlacionadas.

- Prefira Lasso quando se deseja um modelo mais simples e interpretável.

- Utilize Elastic Net em contextos intermediários, especialmente quando o número de variáveis é maior que o número de observações.

A regularização exige que os dados estejam normalizados:

python

```
from sklearn.preprocessing import StandardScaler


scaler = StandardScaler()
X_norm = scaler.fit_transform(X)
```

Sem normalização, variáveis em escalas diferentes dominam a penalização, distorcendo o modelo.

Análise de resíduos e ajuste de hiperparâmetros

Os resíduos representam a diferença entre os valores reais e os previstos. Analisar seus padrões é essencial para validar a qualidade estrutural do modelo.

python

```
residuos = y - y_pred
```

A distribuição dos resíduos deve ser aproximadamente normal, com média próxima de zero. Desvios sistemáticos indicam que o modelo não está capturando corretamente a estrutura dos dados.

python

```
import seaborn as sns
import matplotlib.pyplot as plt


sns.histplot(residuos, kde=True)
plt.title('Distribuição dos Resíduos')
plt.show()
```

Um gráfico de resíduos versus valores previstos ajuda a identificar heterocedasticidade (variância não constante) e padrões não lineares:

python

```python
plt.scatter(y_pred, residuos)
plt.axhline(0, color='red', linestyle='--')
plt.xlabel('Valores Previstos')
plt.ylabel('Resíduos')
plt.title('Resíduos vs Previsões')
plt.show()
```

O ajuste de hiperparâmetros, como o alpha, controla a intensidade da regularização. Escolher um valor adequado requer validação sistemática.

python

```python
from sklearn.model_selection import GridSearchCV


param_grid = {'alpha': [0.01, 0.1, 1.0, 10.0]}
grid = GridSearchCV(Ridge(), param_grid, cv=5)
grid.fit(X_norm, y)
```

O GridSearchCV avalia múltiplos valores em validação cruzada, garantindo uma escolha otimizada e robusta.

Interpretação e validação cruzada

Modelos lineares são altamente interpretáveis. Cada coeficiente tem um significado claro: o impacto da variável independente na resposta. Mas essa interpretação só é válida se os pressupostos forem respeitados.

Para garantir que os resultados são consistentes em diferentes subconjuntos dos dados, aplicamos validação cruzada:

python

```
from sklearn.model_selection import cross_val_score

scores = cross_val_score(modelo, X, y, cv=10, scoring='r2')
```

A média dos scores indica o desempenho esperado em dados não vistos. A dispersão entre as dobras revela estabilidade ou instabilidade do modelo.

Além do R^2, outras métricas de avaliação incluem erro médio absoluto (MAE), erro quadrático médio (MSE) e raiz do erro quadrático médio (RMSE):

python

```
from sklearn.metrics import mean_absolute_error,
mean_squared_error

mae = mean_absolute_error(y, y_pred)
rmse = mean_squared_error(y, y_pred, squared=False)
```

Essas métricas ajudam a calibrar a sensibilidade e a precisão das previsões em unidades reais.

Para manter a interpretação clara em modelos com muitos atributos, recomenda-se limitar o número de variáveis ou aplicar Lasso com penalização adequada.

Resolução de Erros Comuns

Erro: "ValueError: Input contains NaN, infinity or a value too

large"
Causa provável: Presença de valores ausentes ou infinitos nos dados.
Solução recomendada: Use fillna() ou dropna() para tratar antes do treino.

Erro: "Singular matrix" em regressão
Causa provável: Multicolinearidade entre variáveis preditoras.
Solução recomendada: Verifique com df.corr(), remova colunas altamente correlacionadas ou utilize Ridge.

Erro: "ConvergenceWarning: Objective did not converge"
Causa provável: Penalização muito baixa ou dados não escalados.
Solução recomendada: Escalone os dados com StandardScaler e ajuste o parâmetro alpha.

Erro: "NotFittedError"
Causa provável: Uso de .predict() antes de fit().
Solução recomendada: Verifique se o modelo foi treinado corretamente antes de prever.

Boas Práticas

- Normalize todos os dados antes de aplicar regularização. Isso garante equilíbrio entre as penalizações.

- Use regressão linear simples apenas como benchmark.

Modelos múltiplos revelam interações reais.

- Analise os resíduos antes de confiar no R^2. Um R^2 alto com resíduos enviesados indica má especificação.

- Ajuste o alpha por validação cruzada. Valores fixos raramente são ideais.

- Interprete os coeficientes com cuidado. Eles dependem da escala das variáveis e da presença de multicolinearidade.

- Documente claramente os atributos utilizados. Transparência é parte da robustez do modelo.

- Ao usar Lasso para seleção de variáveis, verifique se a redução foi estatisticamente consistente.

- Combine métricas de performance para avaliação mais confiável. MAE, RMSE e R^2 se complementam.

Resumo Estratégico

Modelos de regressão são ferramentas técnicas de alta aplicabilidade e valor analítico. Sua transparência, robustez e capacidade preditiva os tornam pilares em pipelines de modelagem supervisionada. A regressão linear múltipla fornece uma estrutura base. A regularização com Ridge, Lasso e Elastic Net resolve limitações práticas como sobreajuste, colinearidade e excesso de variáveis. A análise de resíduos assegura a validade estrutural. A validação cruzada garante estabilidade em ambientes de produção.

Dominar a engenharia de regressão significa transformar

variáveis em estimativas confiáveis, identificar relações causais, quantificar impactos e criar modelos interpretáveis que sustentam decisões técnicas com fundamentação estatística. Regressão não é apenas prever. É entender, ajustar e entregar com confiança.

CAPÍTULO 12. CLASSIFICAÇÃO SUPERVISIONADA

A classificação supervisionada é um dos pilares da modelagem preditiva em Ciência de Dados. Ela tem como objetivo atribuir rótulos a observações com base em variáveis explicativas, aprendendo padrões a partir de exemplos rotulados. Dos algoritmos mais simples como K-Nearest Neighbors aos modelos probabilísticos como Naive Bayes, passando pela robustez interpretativa da Regressão Logística, o objetivo é claro: separar categorias com precisão, mesmo em cenários complexos e com dados imperfeitos.

Este capítulo apresenta uma abordagem prática e tecnicamente fundamentada para aplicar algoritmos de classificação supervisionada. Serão explorados três modelos clássicos, suas formas de avaliação com métricas apropriadas, o impacto do desbalanceamento de classes e estratégias de validação estratificada, além da preparação rigorosa dos dados para garantir performance e confiabilidade.

K-Nearest Neighbors, Logistic Regression e Naive Bayes

O algoritmo *K-Nearest Neighbors (KNN)* classifica uma nova observação com base na maioria dos rótulos de seus vizinhos mais próximos. É um método baseado em instâncias, simples de entender e eficaz em problemas com separação clara.

python

```
from sklearn.neighbors import KNeighborsClassifier
```

```python
modelo_knn = KNeighborsClassifier(n_neighbors=5)
modelo_knn.fit(X_train, y_train)
y_pred = modelo_knn.predict(X_test)
```

A escolha de k é crítica: valores muito baixos levam a alta variância, enquanto valores muito altos suavizam demais as fronteiras. KNN também exige normalização dos dados, pois a distância euclidiana é sensível à escala:

python

```python
from sklearn.preprocessing import StandardScaler

scaler = StandardScaler()
X_train = scaler.fit_transform(X_train)
X_test = scaler.transform(X_test)
```

A *Regressão Logística* modela a probabilidade de pertencimento a uma classe. Apesar do nome, é usada para classificação binária ou multiclasse e fornece bons resultados com alta interpretabilidade.

python

```python
from sklearn.linear_model import LogisticRegression

modelo_log = LogisticRegression()
modelo_log.fit(X_train, y_train)
y_pred = modelo_log.predict(X_test)
```

A regressão logística assume que as variáveis são linearmente separáveis no espaço de atributos. A saída predict_proba permite avaliar a probabilidade de cada classe:

python

```
probs = modelo_log.predict_proba(X_test)
```

O modelo *Naive Bayes* é baseado no Teorema de Bayes com a suposição de independência entre os atributos. Mesmo sendo uma suposição forte, é surpreendentemente eficaz, especialmente em textos e dados categóricos.

python

```
from sklearn.naive_bayes import GaussianNB

modelo_nb = GaussianNB()
modelo_nb.fit(X_train, y_train)
y_pred = modelo_nb.predict(X_test)
```

Para dados com variáveis discretas, utilizamos o MultinomialNB ou CategoricalNB. O modelo é extremamente rápido, requer poucos recursos e funciona bem mesmo com poucos dados.

Acurácia, precisão, recall e métricas avançadas

Avaliar corretamente a performance de um classificador exige mais do que observar a acurácia. Métricas adicionais ajudam a interpretar modelos em contextos com classes desbalanceadas, custos diferentes de erro e múltiplas categorias.

python

```
from sklearn.metrics import accuracy_score, precision_score,
recall_score, f1_score


acuracia = accuracy_score(y_test, y_pred)
precisao = precision_score(y_test, y_pred, average='binary')
recall = recall_score(y_test, y_pred, average='binary')
f1 = f1_score(y_test, y_pred, average='binary')
```

- Acurácia mede o percentual de classificações corretas.

- Precisão indica a proporção de positivos previstos que realmente são positivos.

- Recall mostra a proporção de positivos reais que foram corretamente identificados.

- F1 Score é a média harmônica entre precisão e recall, útil em cenários desbalanceados.

Para problemas multiclasse:

python

```
precision_score(y_test, y_pred, average='macro')
```

A matriz de confusão detalha os acertos e erros por classe:

python

```
from sklearn.metrics import confusion_matrix
```

```python
matriz = confusion_matrix(y_test, y_pred)
```

E a visualização do *classification report* resume todas as métricas por classe:

python

```python
from sklearn.metrics import classification_report

print(classification_report(y_test, y_pred))
```

Essas métricas são fundamentais para auditoria do modelo e comunicação técnica com stakeholders.

Balanceamento de classes e validação estratificada

Quando uma classe domina a distribuição do target, os modelos tendem a favorecer essa classe, resultando em alta acurácia aparente, mas baixa sensibilidade para as classes minoritárias. Isso é comum em fraudes, churn, doenças raras e outros contextos críticos.

Para balancear os dados, utilizamos *undersampling* ou *oversampling*. Uma estratégia eficaz é o SMOTE (Synthetic Minority Over-sampling Technique):

python

```python
from imblearn.over_sampling import SMOTE

smote = SMOTE()
X_res, y_res = smote.fit_resample(X_train, y_train)
```

Também é possível aplicar penalização nas classes via pesos:

python

```
modelo_log = LogisticRegression(class_weight='balanced')
```

Em classificadores como SVM e DecisionTree, o parâmetro class_weight também está disponível e deve ser ajustado conforme o desbalanceamento.

Na validação cruzada, usamos *StratifiedKFold* para garantir que todas as dobras mantenham a proporção das classes:

python

```
from sklearn.model_selection import StratifiedKFold,
cross_val_score

skf = StratifiedKFold(n_splits=5)
scores = cross_val_score(modelo_log, X, y, cv=skf,
scoring='f1_macro')
```

Essa abordagem evita que uma dobra contenha apenas uma classe, o que inviabilizaria métricas e aprendizado.

Preparação de dados para classificação

Dados para classificação devem ser tratados com cuidado técnico, respeitando a natureza de cada variável. Entre os principais pré-processamentos estão:

- Normalização de variáveis contínuas com StandardScaler ou MinMaxScaler.

- Codificação de variáveis categóricas com OneHotEncoder ou LabelEncoder.

- Tratamento de valores ausentes com SimpleImputer.

python

```
from sklearn.impute import SimpleImputer

imputer = SimpleImputer(strategy='most_frequent')
X = imputer.fit_transform(X)
```

É recomendável encapsular o fluxo em um *Pipeline* para garantir consistência e reprodutibilidade:

python

```
from sklearn.pipeline import Pipeline

pipeline = Pipeline([
    ('imputacao', SimpleImputer(strategy='mean')),
    ('escalonamento', StandardScaler()),
    ('modelo', LogisticRegression())
])
```

O pipeline unifica o pré-processamento e o modelo, permitindo aplicar transformações em conjunto com validação cruzada e grid search de hiperparâmetros.

Em dados textuais, é comum utilizar o TfidfVectorizer ou CountVectorizer, seguido de um classificador como Naive Bayes:

python

```
from sklearn.feature_extraction.text import TfidfVectorizer
from sklearn.naive_bayes import MultinomialNB

vetor = TfidfVectorizer()
X_texto = vetor.fit_transform(df['comentarios'])
modelo = MultinomialNB()
modelo.fit(X_texto, df['classe'])
```

A preparação correta dos dados é determinante para o sucesso do modelo, impactando diretamente na qualidade da aprendizagem e na capacidade de generalização.

Resolução de Erros Comuns

Erro: "ValueError: Input contains NaN"
Causa provável: Dados com valores ausentes não tratados.
Solução recomendada: Utilize SimpleImputer para preencher os dados antes de aplicar modelos.

Erro: "ValueError: could not convert string to float"
Causa provável: Variáveis categóricas não codificadas.
Solução recomendada: Aplique LabelEncoder ou OneHotEncoder nas colunas categóricas.

Erro: "Classification metrics can't handle a mix of binary and continuous targets"
Causa provável: Uso de predict_proba em vez de predict ao calcular métricas.
Solução recomendada: Use predict para obter classes discretas.

Erro: "Only one class present in y_true. ROC AUC score is not defined"
Causa provável: Validação feita sobre subconjunto com apenas uma classe.
Solução recomendada: Use validação estratificada para preservar a distribuição do target.

Boas Práticas

- Use pipelines para consolidar todas as etapas da classificação. Isso facilita testes, manutenção e reuso.

- Sempre escale os dados para modelos baseados em distância, como KNN e SVM.

- Verifique a distribuição das classes antes de treinar. O desbalanceamento afeta diretamente a performance.

- Avalie com múltiplas métricas. Acurácia sozinha pode mascarar problemas sérios.

- Priorize validação estratificada em contextos críticos ou desbalanceados.

- Mantenha separação entre dados de treino e teste. A contaminação reduz a confiabilidade das métricas.

- Interprete os resultados com base no domínio. Um F1 score de 0.7 pode ser excelente em certos casos e inaceitável em outros.

Resumo Estratégico

A classificação supervisionada é a ferramenta decisiva para decisões binárias ou multicategoriais baseadas em dados históricos. Ela permite automatizar diagnósticos, prever cancelamentos, detectar fraudes, personalizar ofertas e muito mais. Mas seu poder não está apenas no algoritmo. Ele está na engenharia rigorosa do processo: seleção adequada do modelo, preparação criteriosa dos dados, validação estruturada e interpretação técnica das métricas.

Modelar classes é organizar o mundo por categorias. E isso exige responsabilidade analítica. É necessário mais do que precisão. É preciso garantir representatividade, interpretar incertezas e medir desempenho com consciência. Classificar é mais do que prever. É decidir, com base, onde cada coisa pertence. E fazer isso com acurácia, robustez e propósito.

CAPÍTULO 13. ÁRVORES DE DECISÃO E FLORESTAS ALEATÓRIAS

Modelos baseados em árvores representam um dos pilares mais versáteis e poderosos da aprendizagem supervisionada. Sua estrutura hierárquica reflete de forma intuitiva as regras de decisão que separam observações com base em atributos, oferecendo tanto interpretabilidade quanto precisão. As árvores de decisão são capazes de lidar com dados mistos, capturar interações não lineares e operar com alta robustez em múltiplos contextos. Quando organizadas em conjunto, como nas Florestas Aleatórias, ganham força preditiva e estabilidade estatística, tornando-se ferramentas essenciais para projetos de classificação e regressão de alta complexidade.

Este capítulo apresenta a construção técnica de árvores de decisão, os critérios de divisão utilizados, estratégias de poda (pruning), os fundamentos das Florestas Aleatórias em contextos com múltiplas variáveis, métodos de avaliação da importância dos atributos, análise de sobreajuste e a integração desses modelos com frameworks e pipelines de produção.

Construção de árvores, critérios de divisão e pruning

Árvores de decisão constroem modelos preditivos ao dividir recursivamente o espaço dos dados com base em condições lógicas sobre os atributos. Cada divisão (ou *split*) visa aumentar a pureza das classes nas ramificações.

A construção de uma árvore para classificação pode ser feita com DecisionTreeClassifier:

python

```
from sklearn.tree import DecisionTreeClassifier


modelo = DecisionTreeClassifier()
modelo.fit(X_train, y_train)
y_pred = modelo.predict(X_test)
```

A lógica da divisão é guiada por critérios como *Gini* e *Entropia*:

- Gini mede a impureza, favorecendo splits que criam nós mais homogêneos.

- Entropia considera o grau de desordem, sendo mais sensível a pequenas variações.

python

```
modelo = DecisionTreeClassifier(criterion='entropy')
```

Em regressão, o critério utilizado é o *erro quadrático médio*:

python

```
from sklearn.tree import DecisionTreeRegressor


modelo_reg = DecisionTreeRegressor()
modelo_reg.fit(X_train, y_train)
```

A profundidade da árvore (max_depth), o número mínimo de amostras para divisão (min_samples_split) e para folhas (min_samples_leaf) controlam a complexidade da estrutura. Sem restrições, a árvore tende ao sobreajuste.

python

```
modelo = DecisionTreeClassifier(max_depth=5,
min_samples_split=10, min_samples_leaf=4)
```

A técnica de *poda* (pruning) remove partes da árvore que não contribuem significativamente para o desempenho. O ccp_alpha implementa a poda por custo-complexidade:

python

```
modelo = DecisionTreeClassifier(ccp_alpha=0.01)
```

A seleção de ccp_alpha ideal pode ser feita com validação cruzada, ajustando o equilíbrio entre viés e variância.

Random Forest em cenários de alta dimensionalidade

A Floresta Aleatória é um ensemble de árvores treinadas com subconjuntos aleatórios dos dados e dos atributos. Ao combinar previsões de múltiplas árvores, reduz a variância sem aumentar o viés, oferecendo ganho substancial de performance e robustez.

python

```
from sklearn.ensemble import RandomForestClassifier

modelo_rf = RandomForestClassifier(n_estimators=100)
```

```
modelo_rf.fit(X_train, y_train)
```

O parâmetro n_estimators define o número de árvores. A diversidade entre árvores é induzida pela seleção aleatória de amostras (bootstrap) e pelo uso de subconjuntos de atributos em cada divisão (max_features).

Em cenários com alta dimensionalidade, Random Forest se destaca por:

- Manter performance mesmo com atributos irrelevantes.

- Reduzir o risco de overfitting por meio da média das previsões.

- Identificar as variáveis mais relevantes automaticamente.

A predição é feita com base no voto majoritário (para classificação) ou na média das previsões (para regressão):

python

```
y_pred = modelo_rf.predict(X_test)
```

A técnica também lida bem com dados faltantes e variáveis categóricas já codificadas. No entanto, não suporta variáveis com strings diretamente.

Importância de variáveis e análise de overfitting

Uma das principais vantagens das árvores é a transparência na avaliação da importância dos atributos. Após o treino, o modelo disponibiliza os pesos de importância de cada feature:

python

```
import pandas as pd

importancias = modelo_rf.feature_importances_
pd.Series(importancias,
index=X.columns).sort_values(ascending=False)
```

A importância é calculada com base na redução do critério de impureza provocada por cada variável ao longo das divisões. Variáveis com maior poder de separação recebem maior peso.

Visualizar a importância das variáveis ajuda a identificar atributos redundantes, orientar estratégias de seleção de features e facilitar a interpretação do modelo por stakeholders.

Para verificar sinais de overfitting, comparamos a acurácia nos dados de treino e teste:

python

```
train_acc = modelo_rf.score(X_train, y_train)
test_acc = modelo_rf.score(X_test, y_test)
```

Uma diferença significativa entre essas métricas indica sobreajuste. Estratégias para mitigação incluem:

- Redução de max_depth

- Aumento de min_samples_leaf

- Redução de n_estimators quando o modelo estiver muito lento

- Validação cruzada para ajustar hiperparâmetros com mais precisão

Além disso, ao inspecionar árvores individuais, é possível visualizar padrões inconsistentes ou divisões excessivamente específicas.

Integração com frameworks e pipelines

Modelos de árvores se integram facilmente com o pipeline do Scikit-learn, permitindo aplicar transformações e modelagem de forma padronizada:

python

```python
from sklearn.pipeline import Pipeline
from sklearn.preprocessing import StandardScaler


pipeline = Pipeline([
    ('scaler', StandardScaler()),
    ('modelo', RandomForestClassifier())
])
pipeline.fit(X_train, y_train)
```

Embora Random Forests não exijam normalização, o pipeline facilita a substituição do modelo por outros algoritmos com requisitos diferentes.

Na etapa de validação, o uso de GridSearchCV ou RandomizedSearchCV permite buscar os melhores hiperparâmetros:

python

```python
from sklearn.model_selection import GridSearchCV

param_grid = {
    'modelo__n_estimators': [100, 200],
    'modelo__max_depth': [None, 10, 20],
    'modelo__min_samples_leaf': [1, 3, 5]
}

grid = GridSearchCV(pipeline, param_grid, cv=5)
grid.fit(X_train, y_train)
```

Essa integração automatiza e profissionaliza a experimentação. Em ambientes produtivos, pipelines podem ser versionados, exportados com joblib, e integrados a APIs ou frameworks de deploy.

Resolução de Erros Comuns

Erro: "ValueError: could not convert string to float"
Causa provável: Colunas categóricas não codificadas numericamente.
Solução recomendada: Use LabelEncoder ou OneHotEncoder para tratar essas variáveis.

Erro: "n_features mismatch"
Causa provável: Treinamento e teste com colunas diferentes.

Solução recomendada: Verifique consistência dos datasets com X.columns.

Erro: "Input X contains NaN"
Causa provável: Presença de valores ausentes não tratados.
Solução recomendada: Use SimpleImputer para imputar dados antes do treino.

Erro: "Cannot interpret max_features"
Causa provável: Valor incorreto ou mal formatado no parâmetro.
Solução recomendada: Use 'auto', 'sqrt', 'log2' ou um número inteiro.

Boas Práticas

- Limite a profundidade das árvores para evitar overfitting, especialmente em conjuntos pequenos.

- Sempre avalie o modelo com validação cruzada. Árvores se adaptam muito bem ao treino e precisam ser testadas com rigor.

- Utilize a importância dos atributos para refinar o conjunto de variáveis.

- Em projetos críticos, aplique permutation_importance para uma avaliação mais robusta da relevância das features.

- Use pipelines e objetos parametrizáveis para garantir reprodutibilidade e escalabilidade.

- Para interpretabilidade, visualize árvores com plot_tree ou export_text quando o modelo for raso.

- Em Florestas Aleatórias, monitore o tempo de execução ao aumentar n_estimators. O ganho marginal de acurácia pode não justificar o custo computacional.

- Documente cada versão dos hiperparâmetros utilizados para manter rastreabilidade analítica.

Resumo Estratégico

Árvores de decisão e Florestas Aleatórias combinam poder técnico, versatilidade operacional e excelente equilíbrio entre performance e interpretabilidade. Elas operam bem em múltiplos contextos, lidam com dados complexos, tratam interações automaticamente e oferecem meios estruturados de entender como decisões são tomadas.

Ao aplicar os critérios de divisão com consciência, controlar o crescimento das estruturas com pruning e organizar múltiplas árvores em ensembles robustos, o cientista de dados constrói modelos escaláveis e confiáveis. Quando integradas a pipelines técnicos e otimizadas com validação rigorosa, essas técnicas tornam-se soluções completas para classificação e regressão em ambientes produtivos.

Modelar com árvores é mais do que particionar dados. É organizar conhecimento, representar lógica e entregar inteligência operacional com base sólida, interpretável e auditável. Uma árvore bem construída é uma estrutura viva de decisões inteligentes. Uma floresta bem orquestrada é uma arquitetura estratégica de acerto.

CAPÍTULO 14. REDES NEURAIS E DEEP LEARNING BÁSICO

Redes neurais constituem a base técnica do aprendizado profundo, permitindo que algoritmos aprendam representações complexas diretamente a partir dos dados. Inspiradas no funcionamento dos neurônios biológicos, essas estruturas computacionais são capazes de capturar padrões altamente não lineares, sendo aplicadas com sucesso em visão computacional, processamento de linguagem natural, séries temporais, classificação e regressão.

Para profissionais de dados, entender o funcionamento das redes neurais, suas camadas, funções de ativação, processo de otimização e tratamento dos dados é essencial para transitar com segurança entre protótipos simples e pipelines mais elaborados de deep learning.

Perceptron, arquiteturas simples e camadas densas

O Perceptron é a unidade computacional mais simples de uma rede neural. Representa um modelo linear binário que calcula uma soma ponderada dos inputs e aplica uma função de ativação. Apesar de limitado, serve como porta de entrada conceitual para arquiteturas mais profundas.

Em redes multicamadas (*Multilayer Perceptron*), múltiplos neurônios são organizados em camadas densamente conectadas. Cada camada transforma o vetor de entrada por meio de pesos, viés e uma função não linear. A saída de uma camada se torna a entrada da próxima, formando uma cadeia de transformações progressivas.

A criação de uma rede com camadas densas no Keras é feita da seguinte forma:

python

```
from tensorflow.keras.models import Sequential

from tensorflow.keras.layers import Dense


modelo = Sequential([
    Dense(32, activation='relu',
input_shape=(X_train.shape[1],)),
    Dense(16, activation='relu'),
    Dense(1, activation='sigmoid')
])
```

- Camadas Dense conectam todos os neurônios da camada anterior.

- A função relu é usada nas camadas ocultas por promover aprendizado eficiente.

- A função sigmoid na saída é adequada para classificação binária.

O número de neurônios, camadas e funções de ativação pode ser ajustado conforme a complexidade do problema. Modelos mais profundos aprendem representações mais ricas, mas exigem mais dados, regularização e poder computacional.

Bibliotecas fundamentais (TensorFlow, PyTorch)

Duas bibliotecas dominam o desenvolvimento de redes neurais modernas: *TensorFlow* e *PyTorch*. Ambas oferecem suporte a construção de modelos, execução em GPU, auto-diferenciação, APIs de alto e baixo nível, além de integração com bibliotecas auxiliares de visualização, produção e otimização.

TensorFlow oferece uma API declarativa robusta, com foco em pipelines reprodutíveis e deployment em produção. Sua sub-biblioteca Keras facilita a definição e treino de modelos:

python

```
modelo.compile(optimizer='adam',
loss='binary_crossentropy', metrics=['accuracy'])

modelo.fit(X_train, y_train, epochs=10, batch_size=32,
validation_split=0.2)
```

Já o PyTorch é baseado em uma abordagem imperativa, com foco em flexibilidade e depuração intuitiva. É altamente adotado em pesquisa e experimentação rápida.

python

```
import torch
import torch.nn as nn
import torch.optim as optim


class MLP(nn.Module):
    def __init__(self):
        super().__init__()
        self.camadas = nn.Sequential(
            nn.Linear(20, 32),
            nn.ReLU(),
```

```python
        nn.Linear(32, 1),
        nn.Sigmoid()
    )
    def forward(self, x):
      return self.camadas(x)


modelo = MLP()
criterio = nn.BCELoss()
otimizador = optim.Adam(modelo.parameters(), lr=0.001)
```

O treinamento no PyTorch exige loops manuais, permitindo controle total sobre cada etapa:

python

```python
for epoca in range(10):
    modelo.train()
    saida = modelo(X_train)
    perda = criterio(saida, y_train)
    perda.backward()
    otimizador.step()
    otimizador.zero_grad()
```

A escolha entre TensorFlow e PyTorch depende do nível de maturidade do projeto, da equipe e dos objetivos (prototipação, pesquisa, produção, integração com APIs ou edge computing).

Tratamento de dados para redes neurais

Modelos de deep learning são sensíveis à qualidade e à escala dos dados. O pré-processamento adequado inclui normalização, transformação dos tipos de dados, codificação de variáveis categóricas e organização dos dados em tensores.

A padronização das features contínuas com média zero e desvio padrão unitário acelera a convergência:

python

```
from sklearn.preprocessing import StandardScaler


scaler = StandardScaler()
X_train = scaler.fit_transform(X_train)
```

Para variáveis categóricas, utilizamos OneHotEncoder ou LabelEncoder dependendo do modelo:

python

```
from sklearn.preprocessing import OneHotEncoder


encoder = OneHotEncoder(sparse=False)
X_cat = encoder.fit_transform(df[['categoria']])
```

Os dados devem ser convertidos para tensores (torch.Tensor ou tf.Tensor) com tipo float32:

python

```
X_tensor = torch.tensor(X_train, dtype=torch.float32)
y_tensor = torch.tensor(y_train, dtype=torch.float32)
```

O gerenciamento de batches, embaralhamento e divisão dos dados é feito com *DataLoaders* em PyTorch ou diretamente com fit() em Keras.

Além disso, é importante separar uma parte dos dados para validação e, idealmente, aplicar early stopping para interromper o treinamento ao detectar estagnação do desempenho:

python

```
from tensorflow.keras.callbacks import EarlyStopping


parar_cedo = EarlyStopping(patience=5,
restore_best_weights=True)

modelo.fit(X_train, y_train, validation_split=0.2, epochs=50,
callbacks=[parar_cedo])
```

Dados mal preparados afetam negativamente a estabilidade do treinamento, causam gradientes explosivos ou desaparecidos e prejudicam a generalização.

Otimização, backpropagation e funções de ativação

A otimização em redes neurais é baseada no método de *backpropagation*, onde os erros são retropropagados a partir da saída para ajustar os pesos das camadas anteriores. O gradiente do erro em relação aos pesos é calculado automaticamente pelas bibliotecas e usado para atualização com algoritmos como *SGD*, *Adam* ou *RMSprop*.

Em TensorFlow:

python

```
modelo.compile(optimizer='adam',
loss='categorical_crossentropy', metrics=['accuracy'])
```

Em PyTorch, a atualização dos pesos é feita manualmente após cada backward() e step().

A escolha do otimizador impacta a velocidade e estabilidade do aprendizado. Adam é uma boa escolha padrão, combinando adaptação de taxa de aprendizado com momentum.

As funções de ativação introduzem não linearidade, permitindo à rede aprender representações complexas:

- relu: função padrão para camadas ocultas.

- sigmoid: usada na saída para classificação binária.

- softmax: usada na saída para classificação multiclasse.

- tanh: alternativa à sigmoid, com saída centrada na origem.

Para problemas com múltiplas saídas independentes, utilizamos sigmoid por unidade. Para categorias exclusivas, usamos softmax com categorical_crossentropy.

A combinação da função de ativação com a função de perda correta é essencial para a estabilidade do gradiente. Usar mse com sigmoid, por exemplo, pode gerar aprendizado lento ou travado.

Resolução de Erros Comuns

Erro: "Expected input of type float32"
Causa provável: Dados em outro tipo numérico, como int64 ou float64.
Solução recomendada: Use .astype(np.float32) ou converta tensores com dtype=torch.float32.

Erro: "CUDA out of memory"
Causa provável: Lote de treinamento muito grande para a GPU disponível.
Solução recomendada: Reduza o batch_size, libere cache com torch.cuda.empty_cache() ou use CPU temporariamente.

Erro: "ValueError: logits and labels must have the same shape"
Causa provável: Incompatibilidade entre a saída da rede e o formato do rótulo.
Solução recomendada: Ajuste a função de ativação e a forma da saída de acordo com o tipo de problema (binário, multiclasse ou multilabel).

Erro: "NaN in loss during training"
Causa provável: Gradientes explosivos, taxa de aprendizado alta ou inicialização incorreta.
Solução recomendada: Reduza learning_rate, aplique normalização nos dados ou use GradientClipping.

Boas Práticas

- Sempre normalize as entradas antes de treinar a rede. A convergência depende da homogeneidade das escalas.

- Teste arquiteturas simples antes de adicionar profundidade. Modelos grandes demais tendem a sobreajustar.

- Utilize callbacks como EarlyStopping e ModelCheckpoint para automatizar o controle do treinamento.

- Acompanhe métricas de validação a cada época. A perda de validação é o melhor indicador de desempenho real.

- Ao usar múltiplas camadas, insira Dropout para reduzir overfitting.

- Documente arquitetura, hiperparâmetros e resultados com clareza. O retrabalho é frequente em redes neurais.

- Valide o modelo em dados fora da distribuição quando possível. Redes neurais podem superestimar generalização.

Resumo Estratégico

Redes neurais representam uma revolução conceitual e técnica na modelagem de dados. Sua capacidade de abstração, combinada com a engenharia de otimização automática e escalabilidade em GPU, transforma problemas lineares em estruturas flexíveis e adaptáveis. Quando bem treinadas, são ferramentas poderosas de inferência e representação.

Mas essa potência exige método. A arquitetura precisa ser alinhada à natureza do problema. Os dados devem ser tratados com rigor. A função de perda deve refletir o objetivo. E a otimização deve ser conduzida com paciência e acompanhamento técnico.

Não se trata de empilhar camadas aleatoriamente. Trata-se de construir uma máquina de aprendizado coerente, balanceada e estrategicamente ajustada. O domínio das redes neurais começa na simplicidade bem executada e evolui com a engenharia disciplinada. Deep learning é mais do que profundidade. É precisão, estrutura e consciência matemática aplicada.

CAPÍTULO 15. MODELOS DE AGRUPAMENTO E SEGMENTAÇÃO

Agrupar dados sem conhecimento prévio de rótulos é uma das tarefas mais estratégicas da análise exploratória. O agrupamento, ou *clustering*, permite identificar estruturas internas, padrões de comportamento e grupos naturais dentro dos dados. Segmentações bem construídas são aplicadas em marketing, detecção de anomalias, compressão de dados, recomendação personalizada e análise de perfis. O poder do clustering está na capacidade de organizar o caos informacional em conjuntos interpretáveis e acionáveis.

Neste capítulo, os modelos de agrupamento são tratados de forma aplicada e comparativa, com foco em K-Means, DBSCAN e métodos hierárquicos. Também são abordadas as técnicas para escolha do número ideal de clusters, métricas de avaliação de qualidade, estratégias de segmentação em dados reais e métodos de visualização para validação e comunicação dos resultados.

K-Means, DBSCAN, clustering hierárquico

O *K-Means* é o algoritmo mais popular para clustering. Ele particiona os dados em k grupos, minimizando a soma das distâncias entre os pontos e seus centróides. É eficiente e escalável, mas assume que os clusters têm formato esférico e tamanhos semelhantes.

python

```
from sklearn.cluster import KMeans


modelo = KMeans(n_clusters=4, random_state=42)
modelo.fit(X)
labels = modelo.labels_
```

A escolha de k influencia diretamente os resultados. O algoritmo inicializa aleatoriamente os centróides e os ajusta iterativamente. Os pontos são atribuídos ao centróide mais próximo, e os centróides são recalculados até a convergência.

O *DBSCAN* (Density-Based Spatial Clustering of Applications with Noise) agrupa pontos com base em densidade. Não requer a definição do número de clusters e identifica ruído naturalmente. É ideal para dados com formas complexas e presença de outliers.

python

```
from sklearn.cluster import DBSCAN


modelo = DBSCAN(eps=0.5, min_samples=5)
modelo.fit(X)
labels = modelo.labels_
```

eps define o raio de vizinhança e *min_samples* o número mínimo de pontos em uma região densa. DBSCAN é sensível à escala dos dados, por isso o uso de StandardScaler é essencial.

O *clustering hierárquico* constrói uma árvore de agrupamentos, chamada *dendrograma*, que pode ser cortada em diferentes níveis para gerar diferentes agrupamentos. O método não requer definição prévia de *k* e permite explorar agrupamentos em múltiplas escalas.

python

```
from scipy.cluster.hierarchy import linkage, dendrogram
import matplotlib.pyplot as plt


Z = linkage(X, method='ward')
dendrogram(Z)
plt.show()
```

Para formar os grupos:

python

```
from scipy.cluster.hierarchy import fcluster


labels = fcluster(Z, t=4, criterion='maxclust')
```

Cada técnica possui vantagens distintas. K-Means é rápido, mas limitado a clusters convexos. DBSCAN é robusto a outliers e detecta formas arbitrárias. Clustering hierárquico é interpretável e flexível, porém menos escalável.

Escolha de número de clusters e métricas de avaliação

Determinar o número ideal de clusters é uma etapa crítica. No K-Means, o método do *cotovelo* (elbow method) analisa a inércia do modelo:

python

```
import matplotlib.pyplot as plt

inercia = []
for k in range(1, 10):
    modelo = KMeans(n_clusters=k, random_state=42)
    modelo.fit(X)
    inercia.append(modelo.inertia_)

plt.plot(range(1, 10), inercia, marker='o')
plt.title('Método do Cotovelo')
plt.xlabel('Número de clusters')
plt.ylabel('Inércia')
plt.show()
```

A escolha de k ocorre onde a redução de inércia começa a diminuir marginalmente, indicando o ponto ótimo.

Outra métrica importante é o *Silhouette Score*, que avalia a coesão intra-cluster e a separação entre clusters:

python

```
from sklearn.metrics import silhouette_score

score = silhouette_score(X, labels)
```

Valores próximos de 1 indicam clusters bem definidos. Valores negativos sugerem má atribuição.

Para DBSCAN, a escolha de *eps* é feita com base na *distância do vizinho mais próximo*:

python

```
from sklearn.neighbors import NearestNeighbors


vizinhos = NearestNeighbors(n_neighbors=2)
vizinhos_fit = vizinhos.fit(X)
distancias, _ = vizinhos_fit.kneighbors(X)


distancias = sorted(distancias[:, 1])
plt.plot(distancias)
plt.title('Gráfico da Distância K-NN')
plt.show()
```

O "joelho" da curva define o valor ideal de *eps*. Já o número de clusters resultantes de DBSCAN e métodos hierárquicos é avaliado por inspeção direta dos rótulos e da densidade dos grupos.

Segmentação de clientes, anomalias e análise exploratória

O clustering é frequentemente utilizado em segmentação de clientes. A combinação de variáveis como idade, renda, comportamento de compra e frequência resulta em grupos com perfis distintos. A aplicação prática envolve:

- Padronização dos dados com StandardScaler.

- Testes com diferentes algoritmos e parâmetros.

- Validação das características de cada grupo.

- Interpretação dos clusters em termos de ações concretas.

python
```
from sklearn.preprocessing import StandardScaler


scaler = StandardScaler()
X_padronizado = scaler.fit_transform(df[['idade', 'renda',
'frequencia']])


modelo = KMeans(n_clusters=4)
modelo.fit(X_padronizado)
df['segmento'] = modelo.labels_
```

O mesmo raciocínio pode ser utilizado para detecção de anomalias. Em DBSCAN, os pontos rotulados com -1 representam ruído:

python
```
df['anomalias'] = (labels == -1).astype(int)
```

No clustering hierárquico, outliers tendem a se unir apenas no topo do dendrograma. Em K-Means, um cluster com poucos elementos pode indicar comportamento atípico.

O agrupamento também é útil para exploração de estruturas

internas em dados genômicos, imagens, séries temporais e textos. É uma ferramenta de descoberta, recomendação e compressão da dimensionalidade comportamental.

Comparação de métodos e visualização de clusters

Avaliar diferentes técnicas exige não apenas análise numérica, mas também visualização. O uso de PCA ou t-SNE permite representar os dados em 2D para inspecionar a separação entre grupos.

python

```
from sklearn.decomposition import PCA
import seaborn as sns


pca = PCA(n_components=2)
X_pca = pca.fit_transform(X)


df_pca = pd.DataFrame(X_pca, columns=['PC1', 'PC2'])
df_pca['cluster'] = labels


sns.scatterplot(data=df_pca, x='PC1', y='PC2', hue='cluster',
palette='tab10')
```

A separação dos pontos revela a qualidade estrutural do agrupamento. Grupos bem delimitados e compactos indicam que o algoritmo capturou padrões latentes de forma eficaz.

Para comparar métodos:

- Aplique os mesmos dados pré-processados.

- Avalie com as mesmas métricas (Silhouette, coesão, separação).

- Visualize os clusters com os mesmos critérios.

- Considere o custo computacional e a interpretabilidade.

Essa abordagem técnica permite escolher o método mais adequado para o contexto, não apenas o que retorna maior número de clusters ou maior acurácia visual.

Resolução de Erros Comuns

Erro: "ValueError: Input contains NaN"
Causa provável: Dados com valores ausentes.
Solução recomendada: Use fillna() ou SimpleImputer antes do clustering.

Erro: "Number of labels is 1. Valid values are 2 to n_samples - 1"
Causa provável: Todos os pontos atribuídos a um mesmo cluster.
Solução recomendada: Ajuste os parâmetros do modelo, especialmente eps no DBSCAN ou k no K-Means.

Erro: "ConvergenceWarning: Number of distinct clusters found smaller than n_clusters"
Causa provável: Valor de k muito alto.
Solução recomendada: Reduza o número de clusters ou padronize os dados.

Erro: "MemoryError" ao usar linkage completo
Causa provável: Dataset grande demais para clustering hierárquico.
Solução recomendada: Reduza a amostra ou use métodos aglomerativos com distância limitada.

Boas Práticas

- Sempre padronize os dados antes de clustering. Distâncias são sensíveis à escala.

- Teste múltiplos algoritmos com diferentes parâmetros antes de escolher.

- Use PCA para reduzir dimensionalidade antes da visualização.

- Valide os agrupamentos com múltiplas métricas e interpretação semântica.

- Não confie apenas no número de clusters. Avalie a coesão, separação e ação prática.

- Documente o racional por trás da escolha dos hiperparâmetros.

- Em projetos com dados ruidosos, prefira DBSCAN.

- Para bases pequenas, métodos hierárquicos permitem compreensão profunda das estruturas internas.

Resumo Estratégico

Modelos de agrupamento organizam dados complexos em estruturas compreensíveis, revelando padrões e comportamentos que não são visíveis a olho nu. Quando aplicados com método, transformam datasets brutos em clusters com valor estratégico. São especialmente úteis em fases exploratórias, sistemas de recomendação, análise de comportamento e segmentações personalizadas.

A força do clustering está na engenharia das distâncias, na padronização dos critérios e na validação prática dos grupos encontrados. A escolha do algoritmo deve ser técnica e contextual. O agrupamento é uma ferramenta de descoberta, e sua eficácia depende de estrutura, visualização, interpretação e capacidade de traduzir os grupos em decisões reais.

Modelar agrupamentos não é apenas separar. É organizar a complexidade. É revelar o invisível. É entregar visão acionável sobre o que antes era apenas dado.

CAPÍTULO 16. APRENDIZAGEM SEMI-SUPERVISIONADA

Em contextos reais, é comum que uma grande quantidade de dados esteja disponível sem rótulos, enquanto apenas uma pequena fração esteja rotulada de forma confiável. A rotulagem manual é cara, demorada e, muitas vezes, inviável em escala. A aprendizagem semi-supervisionada (semi-supervised learning) surge como uma solução estratégica para explorar o valor de grandes volumes de dados não rotulados, combinando a robustez dos métodos supervisionados com a escalabilidade dos não supervisionados. Quando bem estruturada, essa abordagem impulsiona a acurácia de modelos em cenários com escassez de rótulos, reduz custos operacionais e acelera a construção de soluções inteligentes.

Este capítulo apresenta os fundamentos operacionais da aprendizagem semi-supervisionada, desde a estrutura conceitual até sua implementação prática com self-training, label propagation, integração com modelos supervisionados, desafios operacionais e ajustes de hiperparâmetros. O foco está na aplicação estruturada e progressiva da técnica em problemas reais, respeitando a proporção ideal de conteúdo técnico, aplicado, diagnóstico de erros e boas práticas.

Conceitos e aplicações em cenários de dados escassos

Aprendizagem semi-supervisionada é uma abordagem híbrida que utiliza um conjunto pequeno de exemplos rotulados (labeled data) e um grande volume de dados não rotulados (unlabeled data) para construir modelos preditivos. A premissa central é que os dados não rotulados contêm informações estruturais úteis que, quando exploradas corretamente, ampliam a capacidade de generalização do modelo.

Tais modelos são aplicados em diversos cenários:

- Processamento de linguagem natural com corpora extensos e poucos rótulos manuais.

- Diagnósticos médicos com bases clínicas amplas, mas anotações limitadas.

- Detecção de fraudes, onde eventos positivos são raros.

- Classificação de imagens, onde apenas um subconjunto foi rotulado por especialistas.

A estrutura típica envolve:

- Treinar um modelo com os dados rotulados.

- Utilizar esse modelo para inferir rótulos nos dados não rotulados com maior confiança.

- Incorporar progressivamente os dados pseudo-rotulados no treinamento.

- Repetir o ciclo com validação controlada.

A eficácia da aprendizagem semi-supervisionada depende da qualidade inicial dos rótulos, da densidade informacional dos dados e da forma como os rótulos inferidos são incorporados ao modelo. Com engenharia adequada, essa estratégia entrega resultados próximos aos supervisionados completos com uma fração do custo.

Self-training e label propagation

Duas técnicas clássicas representam a base da aprendizagem semi-supervisionada: *self-training* e *label propagation*.

Self-training consiste em treinar um modelo com os dados rotulados e usá-lo para rotular exemplos não anotados. Apenas as predições com maior confiança são adicionadas à base de treinamento. O processo se repete iterativamente.

python

```
from sklearn.ensemble import RandomForestClassifier
from sklearn.semi_supervised import SelfTrainingClassifier


modelo_base = RandomForestClassifier()
modelo_semi = SelfTrainingClassifier(base_estimator=modelo_base, threshold=0.9)
modelo_semi.fit(X_total, y_parcial)
```

No vetor y_parcial, os rótulos ausentes devem ser representados por -1. O parâmetro threshold define a confiança mínima para aceitar uma predição como pseudo-rótulo.

Essa abordagem é simples, flexível e compatível com diversos algoritmos. No entanto, é sensível a erros iniciais, que podem ser amplificados nas iterações seguintes. Por isso, o threshold alto é recomendado nas primeiras fases.

Label propagation e *label spreading* são técnicas baseadas em grafos. Elas constroem um grafo de similaridade entre os dados e propagam os rótulos dos exemplos conhecidos para os vizinhos com base nas distâncias entre os pontos.

python

```
from sklearn.semi_supervised import LabelPropagation

modelo_lp = LabelPropagation(kernel='knn', n_neighbors=5)
modelo_lp.fit(X_total, y_parcial)
```

Esse tipo de abordagem é eficaz quando a estrutura do espaço amostral é bem conectada. Modelos baseados em grafos capturam melhor a geometria local e respeitam agrupamentos naturais, funcionando bem em dados com alta coesão de classe.

Ambos os métodos exigem que os dados estejam normalizados. A sensibilidade à escala afeta diretamente a construção da matriz de similaridade.

Combinação com algoritmos supervisionados

Uma das estratégias mais eficazes em aprendizagem semi-supervisionada é a combinação direta com modelos supervisionados. Ao utilizar a parte rotulada para treinar um modelo robusto, e iterativamente incorporar os rótulos preditos, constrói-se uma pipeline progressiva e confiável.

O processo segue os seguintes passos:

- Início com modelo supervisionado tradicional (ex: regressão logística, random forest, SVM).

- Inferência dos rótulos nos dados não rotulados.

- Seleção das amostras com maior confiança, via predict_proba.

- Inclusão dessas amostras no conjunto rotulado.

- Re-treinamento do modelo completo.

- Validação contínua com amostras reais rotuladas.

python

```python
probs = modelo.predict_proba(X_unlabeled)
confianca_max = probs.max(axis=1)
mascara_confianca = confianca_max >= 0.95


X_novos = X_unlabeled[mascara_confianca]
y_novos = modelo.predict(X_novos)


X_train = np.vstack([X_train, X_novos])
y_train = np.concatenate([y_train, y_novos])
```

Ao adotar esse modelo iterativo controlado, evita-se a propagação de erros e promove-se uma melhoria contínua da capacidade preditiva com expansão controlada da base.

Além disso, técnicas de ensemble como stacking ou bagging podem ser aplicadas para estabilizar as decisões dos pseudo-rótulos e reduzir variância.

Desafios e ajustes de hiperparâmetros

Trabalhar com dados parcialmente rotulados apresenta desafios técnicos e estratégicos. A propagação de erros é o mais crítico. Um pseudo-rótulo errado pode contaminar o modelo, levando à degradação iterativa da performance.

Outros desafios incluem:

- Desequilíbrio entre classes, que pode ser ampliado se os pseudo-rótulos se concentrarem nas classes mais comuns.

- Sobreajuste aos dados rotulados iniciais.

- Dependência da confiança do modelo inicial para começar o processo.

- Dificuldade em parametrizar thresholds que equilibrem segurança e crescimento da base.

Os principais hiperparâmetros a ajustar incluem:

- threshold de confiança (self-training)

- n_neighbors ou gamma nos métodos de grafos

- max_iter e critérios de parada

- Métricas de avaliação por validação cruzada restrita ao conjunto rotulado

Validações devem ser feitas exclusivamente sobre dados com rótulo verdadeiro. O uso de métricas aplicadas sobre pseudo-rótulos não tem validade estatística. Uma técnica segura é separar um conjunto de validação rotulado e imutável desde o início, para servir de referência ao longo do processo.

O ajuste de hiperparâmetros deve considerar não apenas o ganho de acurácia, mas também a estabilidade do modelo ao longo das iterações.

Resolução de Erros Comuns

Erro: "Found input variables with inconsistent numbers of samples"
Causa provável: Junção de dados com tamanhos divergentes entre features e labels.
Solução recomendada: Verifique as dimensões de X e y após cada iteração com .shape.

Erro: "Unknown label type: continuous"
Causa provável: Rótulos em formato float em classificação.
Solução recomendada: Converta os rótulos para inteiro com .astype(int) e verifique se não há NaN.

Erro: "Input contains NaN"
Causa provável: Dados ausentes não tratados na base combinada.
Solução recomendada: Aplique SimpleImputer ou dropna() antes de treinar os modelos.

Erro: "MemoryError" em métodos de grafos
Causa provável: Construção de matriz de similaridade muito grande.
Solução recomendada: Reduza o número de exemplos ou use knn como kernel ao invés de rbf.

Boas Práticas

- Sempre normalize os dados antes de aplicar qualquer técnica de similaridade.

- Use apenas os pseudo-rótulos mais confiáveis nas iterações iniciais.

- Mantenha um conjunto de validação fixo e rotulado para avaliação real.

- Documente as taxas de crescimento do conjunto rotulado a cada ciclo.

- Evite múltiplas iterações sem validação intermediária. Controle o fluxo de pseudo-rótulos.

- Teste diferentes algoritmos de base para comparar a propagação em modelos distintos.

- Estude o comportamento dos clusters de dados antes de propagar rótulos. Clusters mal definidos reduzem o valor da propagação.

Resumo Estratégico

A aprendizagem semi-supervisionada preenche uma lacuna crítica na construção de modelos reais: como aprender com pouco. Quando estruturada com critério, ela entrega resultados comparáveis ao aprendizado supervisionado completo, com apenas uma fração do esforço de rotulagem. É uma técnica poderosa para escalar a inteligência de sistemas em contextos onde os dados são abundantes, mas as anotações são raras, caras ou sensíveis.

Sua aplicação requer domínio técnico, controle rigoroso sobre as decisões automáticas e validação constante sobre dados confiáveis. Mais do que usar o que se tem, trata-se de construir conhecimento progressivo a partir do que se sabe. Aprender com pouco é arte. Aprender com pouco e acertar é engenharia aplicada.

CAPÍTULO 17. APRENDIZADO POR REFORÇO INTRODUTÓRIO

Aprendizado por reforço é uma das abordagens mais potentes da inteligência artificial moderna. Diferente da aprendizagem supervisionada, em que se aprende com pares de entrada e saída, ou da não supervisionada, que busca padrões sem rótulos, o reforço aprende por interação. Um agente toma decisões em um ambiente, recebe recompensas e ajusta seu comportamento ao longo do tempo. Essa dinâmica permite a construção de sistemas adaptativos que otimizam ações em contextos contínuos, incertos e interativos.

Modelos baseados em reforço estão por trás de avanços relevantes em jogos, controle robótico, sistemas de recomendação e navegação autônoma. Com estrutura modular e algoritmos bem definidos, esse paradigma oferece uma base sólida para a criação de agentes inteligentes que aprendem com experiência.

Agentes, estados, ações e recompensas

O aprendizado por reforço é construído sobre a interação entre quatro componentes fundamentais: *agente, estado, ação e recompensa*. O agente é a entidade que aprende. O estado é a representação do ambiente num dado instante. A ação é a decisão que o agente toma, e a recompensa é o feedback do ambiente.

Esse ciclo gera uma sequência chamada *trajetória*, em que o agente percorre estados, escolhe ações e recebe recompensas. O objetivo do agente é maximizar a soma total das recompensas acumuladas ao longo do tempo, conhecida como *retorno*.

A estrutura de um loop típico de reforço é:

python

```
estado = ambiente.reset()


for passo in range(max_passos):
    acao = agente.selecionar_acao(estado)
    novo_estado, recompensa, finalizado, _ = ambiente.step(acao)
    agente.atualizar(estado, acao, recompensa, novo_estado)
    estado = novo_estado
    if finalizado:
        break
```

A função step() é fornecida pelo ambiente e retorna a nova observação, a recompensa recebida e uma sinalização de término. A função selecionar_acao() pode ser determinística ou estocástica, e a atualização depende do algoritmo em uso.

A política de decisão do agente, denotada por $\pi(s)$, define a probabilidade de escolher uma ação a partir de um estado. A qualidade de uma política é medida por sua capacidade de gerar altos retornos.

Q-learning e técnicas de exploração/exploração

O algoritmo *Q-learning* é um dos mais conhecidos e utilizados no aprendizado por reforço. Ele busca aprender uma função de valor Q(s, a), que estima o retorno esperado ao executar a ação *a* no estado *s*, seguindo a melhor política possível a partir dali.

A função Q é atualizada com base na equação de Bellman, ajustando o valor estimado com o valor observado mais a recompensa:

python

```
Q[s, a] = Q[s, a] + taxa * (recompensa + gama * max(Q[s_prox, :]) - Q[s, a])
```

No código, isso se traduz como:

python

```
import numpy as np


Q = np.zeros((num_estados, num_acoes))
taxa = 0.1
gama = 0.95


acao = np.argmax(Q[estado])
Q[estado, acao] = Q[estado, acao] + taxa * (recompensa + gama * np.max(Q[novo_estado]) - Q[estado, acao])
```

O Q-learning é *off-policy*, ou seja, aprende sobre a melhor política possível enquanto segue outra política durante o treinamento.

A estratégia de *exploração vs. exploração* é crítica no aprendizado. O agente precisa explorar ações novas para descobrir boas opções, mas também deve explorar o conhecimento já adquirido.

A abordagem mais comum é *epsilon-greedy*: com probabilidade ε, o agente escolhe uma ação aleatória (exploração); com 1 - ε, escolhe a melhor ação conhecida (exploração).

python

```
epsilon = 0.1
if np.random.rand() < epsilon:
    acao = np.random.choice(num_acoes)
else:
    acao = np.argmax(Q[estado])
```

Ao longo do treinamento, o valor de ε pode ser reduzido progressivamente, priorizando exploração no início e especialização no final.

Ambientes de simulação e bibliotecas

Simular o ambiente é fundamental para treinar agentes em aprendizado por reforço. O padrão mais amplamente adotado é o *OpenAI Gym*, uma biblioteca que fornece uma interface padronizada para ambientes de simulação.

python

```
import gym

ambiente = gym.make('CartPole-v1')
estado = ambiente.reset()
```

A biblioteca contém ambientes clássicos como CartPole, MountainCar, FrozenLake, jogos de Atari e ambientes personalizados. Também é compatível com bibliotecas como stable-baselines3, PettingZoo, Gymnasium e Unity ML-Agents.

Ambientes de simulação permitem treinar agentes sem riscos físicos, com controle total sobre a velocidade, o ruído e a repetição. A reprodutibilidade garante experimentos controlados e comparações justas.

Para projetos maiores, o stable-baselines3 oferece implementações robustas de algoritmos avançados como DQN, PPO e A2C, com suporte à GPU, log de métricas, checkpoints e integração com TensorBoard.

python

```
from stable_baselines3 import DQN


modelo = DQN('MlpPolicy', ambiente, verbose=1)
modelo.learn(total_timesteps=10000)
```

Treinar em ambientes simulados é um passo intermediário entre o algoritmo puro e a aplicação real, permitindo testar hipóteses, ajustar hiperparâmetros e medir impacto sem custos operacionais.

Cenários reais de aplicação

Aplicações reais de aprendizado por reforço estão em rápido crescimento, principalmente em sistemas que exigem decisões sequenciais com feedback parcial.

Entre os principais cenários destacam-se:

- Controle de robôs autônomos que precisam aprender a se locomover, equilibrar ou manipular objetos.

- Otimização de tráfego em redes urbanas, ajustando sinais de trânsito em tempo real com base em fluxo.

- Sistemas de recomendação que adaptam ofertas com base nas reações do usuário.

- Estratégias de trading e alocação de portfólio, onde o agente aprende a reagir às flutuações do mercado.

- Jogos eletrônicos e tabuleiros, onde agentes superam jogadores humanos com aprendizado estratégico (ex: AlphaGo).

A principal vantagem do reforço nesses contextos é sua capacidade de aprender com a experiência, sem exigir pares input-output definidos, e com foco na maximização de longo prazo.

Com sensores, logs, ambientes simulados e algoritmos confiáveis, o aprendizado por reforço se torna cada vez mais aplicável em contextos industriais, logísticos, financeiros e operacionais.

Resolução de Erros Comuns

Erro: "IndexError: index out of bounds"
Causa provável: Tentativa de acessar uma ação ou estado inexistente.
Solução recomendada: Verifique os limites das matrizes Q e do

espaço de ações do ambiente com action_space.n.

Erro: "ValueError: too many values to unpack" ao usar env.step()
Causa provável: Versão do Gym diferente.
Solução recomendada: Adapte a chamada step() conforme a versão: obs, reward, terminated, truncated, info = env.step(action).

Erro: "Episode never ends"
Causa provável: Política mal definida ou ambiente mal configurado.
Solução recomendada: Defina um número máximo de passos por episódio ou configure adequadamente o critério de parada.

Erro: "NaN in Q-values"
Causa provável: Aprendizado instável, com taxas de atualização muito altas.
Solução recomendada: Reduza a taxa de aprendizado (alpha) e aumente a estabilidade com inicialização controlada.

Boas Práticas

- Comece com ambientes simples como FrozenLake ou CartPole para validar o loop de aprendizado.

- Use seed fixa nos ambientes e bibliotecas para garantir reprodutibilidade.

- Monitore métricas como recompensa média por episódio, número de passos e variação da política.

- Combine técnicas como *experience replay* e *target networks* para estabilizar redes neurais em Q-learning profundo.

- Aplique normalização e discretização em ambientes com espaço contínuo.

- Documente os parâmetros de exploração, desconto, taxa de aprendizagem e arquitetura.

- Avalie não apenas a performance média, mas a consistência dos resultados e o tempo de convergência.

Resumo Estratégico

Aprendizado por reforço representa o próximo passo na construção de agentes inteligentes. Em vez de depender de grandes volumes de dados rotulados, ele aprende a partir da experiência direta. A interação com o ambiente, o feedback em forma de recompensa e a busca pela melhor sequência de decisões formam a base de sistemas autônomos realmente adaptativos.

Esse paradigma exige entendimento de política, valor, exploração, otimização e estrutura de estados. Com aplicações práticas em crescimento e ferramentas cada vez mais acessíveis, dominar o reforço significa estar apto a projetar agentes que aprendem com o mundo, tomam decisões progressivas e operam em cenários complexos.

Treinar um agente não é só ensinar o que fazer. É construir uma estrutura que aprende a decidir. E isso, quando bem feito, redefine a fronteira entre código e inteligência.

CAPÍTULO 18. PROCESSAMENTO DE LINGUAGEM NATURAL (NLP)

O Processamento de Linguagem Natural permite que sistemas computacionais compreendam, interpretem e gerem linguagem humana com precisão e contexto. Em um cenário em que grande parte dos dados disponíveis está em forma textual – como e-mails, reviews, contratos, artigos, chats e documentos legais – dominar NLP é uma das competências técnicas mais estratégicas para extrair valor semântico e estruturar inteligência sobre linguagem não estruturada.

A evolução recente da área incorporou não apenas técnicas clássicas como tokenização e stemming, mas também modelos baseados em embeddings e arquiteturas transformadoras como BERT e GPT. Esses avanços expandiram o potencial do NLP para tarefas de classificação, análise de sentimentos, tradução automática, sumarização e geração de texto.

Este módulo apresenta a aplicação prática e estruturada de NLP moderno, da limpeza textual ao uso de embeddings e transformers, com foco em classificação, análise de sentimentos, construção de pipelines robustos e integração técnica com frameworks de machine learning.

Limpeza, tokenização e stemming

O processamento textual começa pela normalização dos dados. Textos reais possuem ruídos como acentuação inconsistente, pontuação fora de padrão, abreviações, erros ortográficos, links, stopwords e símbolos especiais.

A limpeza busca padronizar o corpus, reduzindo sua dimensionalidade e tornando-o compatível com representações vetoriais.

python

```python
import re
import string

def limpar_texto(texto):
    texto = texto.lower()
    texto = re.sub(r"http\S+", "", texto)
    texto = re.sub(f"[{string.punctuation}]", "", texto)
    texto = re.sub(r"\d+", "", texto)
    texto = re.sub(r"\s+", " ", texto).strip()
    return texto
```

Após a limpeza, o texto é tokenizado, ou seja, segmentado em unidades menores – geralmente palavras ou subpalavras.

python

```python
from nltk.tokenize import word_tokenize

tokens = word_tokenize(limpar_texto("Este é um exemplo de NLP."))
```

Tokens são a base para análise de frequência, construção de vocabulário e alimentação de vetores. A etapa seguinte, stemming ou lemmatization, busca reduzir os tokens à sua raiz morfológica.

python

```
from nltk.stem import PorterStemmer

stemmer = PorterStemmer()
tokens_stem = [stemmer.stem(token) for token in tokens]
```

O stemming remove flexões, mas pode gerar formas truncadas. Para maior precisão linguística, utiliza-se lematização:

python

```
from nltk.stem import WordNetLemmatizer

lemmatizer = WordNetLemmatizer()
tokens_lemmas = [lemmatizer.lemmatize(token) for token in tokens]
```

O uso de stopwords também é comum para eliminar palavras com pouca contribuição semântica:

python

```
from nltk.corpus import stopwords

stop = set(stopwords.words('english'))
tokens_filtrados = [t for t in tokens if t not in stop]
```

Essa sequência constrói a base do pré-processamento textual clássico, aplicável em modelos de contagem, bag-of-words, TF-IDF e algoritmos supervisionados tradicionais.

Modelos baseados em embeddings e transformers

Modelos tradicionais representavam palavras por frequências. Embeddings aprenderam a representar palavras como vetores densos, preservando relações semânticas no espaço vetorial.

O Word2Vec e o GloVe foram marcos na transição para embeddings:

python

```
from gensim.models import Word2Vec


modelo = Word2Vec(sentencas_tokenizadas, vector_size=100, window=5, min_count=2, workers=4)
vetor = modelo.wv["python"]
```

Esses vetores preservam relações como:

$king - man + woman \approx queen$

Com os transformadores, como BERT e GPT, o embedding deixou de ser fixo. O vetor de uma palavra passa a depender do contexto.

python

```
from transformers import BertTokenizer, BertModel
import torch


tokenizer = BertTokenizer.from_pretrained('bert-base-uncased')
modelo = BertModel.from_pretrained('bert-base-uncased')
```

```
entrada = tokenizer("Natural language is powerful",
return_tensors="pt")
saida = modelo(**entrada)


vetores_contextuais = saida.last_hidden_state
```

O vetor correspondente ao token [CLS] costuma ser usado como representação do texto completo para tarefas como classificação.

Transformers operam com autocorrelação entre tokens, permitindo capturar dependências longas e contexto bidirecional. Isso resulta em embeddings ricos e generalizáveis.

Além de BERT, modelos como RoBERTa, DistilBERT, T5 e GPT-2 são amplamente utilizados, com variantes otimizadas para tarefas específicas como BioBERT, LegalBERT e CamemBERT.

Classificação de texto, análise de sentimentos

A classificação textual atribui categorias a textos com base em seu conteúdo. É utilizada em moderação de conteúdo, classificação jurídica, tagueamento de documentos, categorização de notícias e mais.

Com TF-IDF e regressão logística:

python

```
from sklearn.feature_extraction.text import TfidfVectorizer
from sklearn.linear_model import LogisticRegression
```

```python
vetor = TfidfVectorizer(max_features=5000)
X = vetor.fit_transform(corpus)
modelo = LogisticRegression()
modelo.fit(X, y)
```

Para análise de sentimentos, os labels podem ser positivos, negativos ou neutros. Quando se usa transformers, a pipeline é mais direta:

python

```python
from transformers import pipeline


analise_sentimento = pipeline("sentiment-analysis")
analise_sentimento("This course is incredibly helpful!")
```

Esse pipeline utiliza um modelo pré-treinado, retornando a classe mais provável e sua pontuação. Também é possível fine-tunar modelos com bases próprias usando Trainer do Hugging Face ou TFTrainer.

A combinação de embeddings contextuais com uma camada densa permite treinar modelos robustos:

python

```python
from transformers import BertForSequenceClassification


modelo =
BertForSequenceClassification.from_pretrained('bert-base-uncased', num_labels=2)
```

A escolha entre modelos clássicos e transformers depende do tamanho do dataset, da tarefa e da necessidade de interpretação versus performance.

Pré-processamento e pipelines complexos de NLP

Projetos de NLP exigem pipelines estruturados que conectem etapas de ingestão, normalização, vetorização, modelagem e validação.

Com o Pipeline do Scikit-learn:

python

```
from sklearn.pipeline import Pipeline

pipeline = Pipeline([
    ('tfidf', TfidfVectorizer(max_features=3000)),
    ('modelo', LogisticRegression())
])
pipeline.fit(textos, rotulos)
```

Com transformers, a pipeline exige tokenização padronizada, criação de *datasets*, treinamento, checkpoint e avaliação com métricas específicas de NLP:

python

```
from datasets import load_dataset
from transformers import Trainer, TrainingArguments
```

```
dados = load_dataset("imdb")
```

O uso de datasets e tokenizers do Hugging Face permite manipular dados de forma eficiente em batch, com mapeamentos tokenizados e pipelines reutilizáveis.

Textos longos precisam ser truncados ou segmentados para caber no limite dos modelos (max_length em tokens). Tokens fora do vocabulário são substituídos por [UNK], exigindo monitoramento.

A integração com TensorBoard, W&B ou MLflow ajuda a rastrear métricas como f1, accuracy, precision, recall e loss.

Em produção, o uso de pipelines otimizadas permite deploy via FastAPI, Docker, Amazon SageMaker ou TorchServe, dependendo do modelo e do tempo de resposta exigido.

Resolução de Erros Comuns

Erro: "Expected input_ids to have shape [batch_size, sequence_length]"
Causa provável: Tokenização incorreta ou input mal estruturado.
Solução recomendada: Use tokenizer(..., return_tensors="pt", padding=True, truncation=True) para preparar os dados corretamente.

Erro: "ValueError: empty vocabulary"
Causa provável: Textos em branco ou muito curtos na tokenização.

Solução recomendada: Verifique a limpeza dos textos antes de vetorização.

Erro: "CUDA out of memory" ao usar transformers
Causa provável: Tamanho de batch muito alto ou uso de modelo completo em GPU limitada.
Solução recomendada: Reduza batch_size, use versões como distilbert ou opte por CPU.

Erro: "Cannot handle a mix of sparse and dense inputs"
Causa provável: Mistura de vetores TF-IDF com embeddings.
Solução recomendada: Separe pipelines ou converta vetores TF-IDF com .toarray() antes da concatenação.

Boas Práticas

- Normalize e limpe os textos com regras adaptadas ao domínio. Padronização impacta diretamente a qualidade dos vetores.

- Faça tokenização com ferramentas especializadas para o idioma do corpus.

- Ao usar embeddings, verifique se o modelo está alinhado semanticamente ao domínio (ex: jurídico, médico, técnico).

- Valide os modelos com métricas específicas de NLP. Acurácia isolada não capta nuances de classes desbalanceadas.

- Em problemas multilabel, use sigmoid na saída e

BinaryCrossentropy.

- Mantenha logs das versões dos vocabulários, dos modelos e dos thresholds aplicados.

- Ao treinar transformers, use técnicas como congelamento de camadas e ajuste de learning rate progressivo.

- Sempre monitore os tokens truncados e o impacto das palavras desconhecidas no vetor final.

Resumo Estratégico

O processamento de linguagem natural transforma linguagem em dados, textos em vetores, padrões semânticos em inferências e conteúdo bruto em inteligência aplicada. Ele é a ponte entre linguagem humana e arquitetura computacional, possibilitando sistemas que entendem, respondem, classificam, recomendam, resumem e interagem com fluidez.

Seu impacto técnico depende do domínio completo sobre pré-processamento, vetorização, arquitetura e pipeline. O NLP moderno é orientado a contexto, dependente de embeddings dinâmicos e estruturado por modelos com bilhões de parâmetros. Mas mesmo com toda essa sofisticação, o ponto de partida segue sendo a clareza da linguagem, a disciplina no processamento e a precisão na modelagem.

Transformar linguagem em ação começa com estrutura. E dominar NLP é construir essa estrutura com inteligência, técnica e visão aplicada.

CAPÍTULO 19. SISTEMAS DE RECOMENDAÇÃO

Sistemas de recomendação são mecanismos inteligentes projetados para selecionar automaticamente conteúdos, produtos ou ações que maximizem a relevância percebida por um usuário. Presentes em e-commerces, plataformas de vídeo, serviços de streaming, redes sociais e aplicativos de entrega, eles funcionam como motores de personalização e engajamento, determinando o que será exibido, quando e para quem.

A engenharia desses sistemas envolve a modelagem de interações entre usuários e itens, o aprendizado de preferências explícitas ou implícitas, a adaptação contínua a novos dados e a integração com ambientes de alta demanda e atualização constante. Técnicas clássicas como filtragem colaborativa e baseada em conteúdo evoluíram para métodos híbridos e modelos de fatoração, permitindo escalabilidade e performance em grandes bases.

Neste módulo são abordadas as principais estratégias técnicas e operacionais para construção de sistemas de recomendação, com ênfase na aplicabilidade, clareza algorítmica, ajustes finos e estruturação para dados em fluxo contínuo.

Filtragem colaborativa e baseada em conteúdo

A filtragem colaborativa é uma abordagem orientada por interações históricas entre usuários e itens. Ela parte da premissa de que usuários com comportamentos similares tenderão a gostar dos mesmos itens. Existem duas vertentes

PYTHON EXTREME DATA SCIENCE

principais:

User-based: recomenda itens que usuários similares gostaram.

Item-based: recomenda itens similares aos que o usuário já consumiu.

python

```python
from sklearn.metrics.pairwise import cosine_similarity
import pandas as pd


matriz_interacoes = pd.pivot_table(df, index='usuario',
columns='item', values='avaliacao')
similaridade_itens =
cosine_similarity(matriz_interacoes.T.fillna(0))
```

Com a matriz de similaridade, pode-se prever a afinidade entre um usuário e um item ainda não consumido pela média ponderada das similaridades.

A filtragem baseada em conteúdo recomenda itens com base nas características do item e no histórico do usuário. Ao construir um perfil vetorial para o usuário, identifica-se a proximidade entre esse vetor e os vetores dos itens.

python

```python
from sklearn.feature_extraction.text import TfidfVectorizer


vetor = TfidfVectorizer()
matriz_itens = vetor.fit_transform(df['descricao_item'])
perfil_usuario =
matriz_itens[df['item'].isin(itens_consumidos)].mean(axis=0)
```

A recomendação ocorre pela ordenação dos itens mais próximos do perfil:

python

```
from sklearn.metrics.pairwise import linear_kernel

scores = linear_kernel(perfil_usuario, matriz_itens)
```

Essa abordagem funciona bem com base textual e categorias bem estruturadas, mas pode ser limitada em casos com pouca variação semântica entre itens ou em que o histórico do usuário é muito curto.

A combinação dos dois métodos forma os sistemas híbridos, que integram similaridade de comportamento com similaridade de conteúdo, aumentando a cobertura e a precisão das recomendações.

Matrizes de fatoração, SVD e abordagens híbridas

A fatoração de matrizes é uma técnica central para sistemas de recomendação colaborativa baseados em modelo. O objetivo é decompor a matriz de interações usuário-item em duas matrizes de menor dimensão: uma representando usuários e outra representando itens no mesmo espaço latente.

O algoritmo SVD (Singular Value Decomposition) é uma das abordagens mais clássicas:

python

```
from scipy.sparse.linalg import svds

matriz = matriz_interacoes.fillna(0).values
```

```python
U, S, Vt = svds(matriz, k=20)
```

A multiplicação das matrizes U, S e Vt reconstrói as interações previstas:

python

```python
import numpy as np


matriz_prevista = np.dot(np.dot(U, np.diag(S)), Vt)
```

Cada linha de matriz_prevista representa as previsões de um usuário para todos os itens. Itens com os maiores valores são os candidatos à recomendação.

Além do SVD, modelos como *Alternating Least Squares (ALS)* são amplamente utilizados, especialmente em ambientes distribuídos com Spark:

python

```python
from pyspark.ml.recommendation import ALS


als = ALS(userCol="usuario", itemCol="item",
ratingCol="avaliacao", coldStartStrategy="drop")
modelo = als.fit(df_treinamento)
```

ALS alterna a otimização entre usuários e itens, convergindo para uma solução aproximada dos fatores latentes.

Modelos híbridos integram fatoração com vetores de conteúdo, embeddings ou grafos. A combinação pode ser feita com média ponderada, meta-modelos ou aprendizado profundo.

python

```
pontuacao_hibrida = 0.6 * pontuacao_colaborativa + 0.4 *
pontuacao_conteudo
```

Esses sistemas são mais robustos à escassez de dados e têm maior capacidade de personalização.

Cold start e atualização de modelos

O problema de *cold start* ocorre quando o sistema não possui interações suficientes com um novo usuário ou item. Isso impede o uso de filtragem colaborativa, que depende de histórico para funcionar.

Soluções comuns incluem:

- Recomendação por popularidade geral em novos usuários.

- Questionários iniciais para inferência rápida de preferências.

- Clustering de usuários ou itens baseado em atributos semânticos.

- Uso exclusivo de conteúdo textual ou metadados nos primeiros acessos.

Para itens, recomendações baseadas em conteúdo são mais fáceis de aplicar no início. Para usuários, perguntas de onboarding e comportamento de navegação são insumos valiosos.

A atualização do modelo pode ser feita por reprocessamento

em batch ou por aprendizado incremental. Sistemas que operam em tempo real exigem pipelines que aceitem atualizações de feedback e reestimem as previsões.

Em SVD, re-treinar todo o modelo pode ser caro. Alternativas incluem:

- Manter os vetores latentes e atualizar apenas os afetados.

- Utilizar algoritmos online como SGD.

- Aplicar filtros heurísticos para reclassificação em tempo real.

Ambientes com milhões de usuários e itens exigem estratégias otimizadas de armazenamento vetorial, indexação e recuperação por aproximação (ANN – approximate nearest neighbors).

Integração com pipelines de dados de streaming

Recomendações em tempo real exigem arquiteturas que capturem eventos em fluxo, atualizem perfis e ajustem modelos sem perda de consistência. As plataformas de dados modernas utilizam componentes como Kafka, Spark Streaming, Flink, Redis e APIs REST para orquestrar esse fluxo.

A estrutura típica envolve:

- Coleta de cliques, visualizações, compras ou interações via eventos.

- Armazenamento temporário em buffer ou banco de logs.

- Atualização do vetor do usuário em cache com base na nova interação.

- Geração imediata de recomendação com base no vetor atualizado.

Com Spark Streaming:

python

```python
from pyspark.sql import SparkSession
from pyspark.sql.functions import from_json, col
from pyspark.sql.types import StructType


spark = SparkSession.builder.appName("Recomendacoes").getOrCreate()


schema = StructType().add("usuario", "string").add("item", "string")
stream = spark.readStream.format("kafka").load()
dados = stream.selectExpr("CAST(value AS STRING)").select(from_json(col("value"), schema).alias("dados"))
```

A recomendação pode ser emitida por microserviço em REST ou escrita diretamente para uma fila de eventos de saída. Esse modelo permite sistemas reativos, personalizados e com latência reduzida.

A integração entre dados históricos e eventos atuais deve ser feita com consistência. Recomendações precisam considerar a sessão atual, a preferência global e o contexto. É comum usar filtros por categoria, localização, tempo ou tipo de dispositivo.

Resolução de Erros Comuns

Erro: "ValueError: Input contains NaN"
Causa provável: Matriz de interações com dados ausentes.
Solução recomendada: Substituir NaN por zero ou ignorar itens sem interação em predições.

Erro: "IndexError: index out of bounds"
Causa provável: Novo item ou usuário não presente nas matrizes originais.
Solução recomendada: Aplicar fallback por popularidade ou conteúdo textual.

Erro: "MemoryError" ao usar SVD em base grande
Causa provável: Fatoração densa em matriz esparsa.
Solução recomendada: Utilizar svds() da SciPy ou ALS em Spark com controle de paralelismo.

Erro: "Cold start: no interactions found"
Causa provável: Novo usuário sem histórico.
Solução recomendada: Aplicar recomendação baseada em conteúdo ou categoria.

Boas Práticas

- Normalize avaliações ou interações antes de fatorar. Isso melhora a convergência e a coerência dos fatores latentes.

- Combine múltiplas fontes de informação (rating, clique, tempo, compra) com pesos distintos.

- Aplique regularização nas matrizes fatoradas para evitar sobreajuste.

- Use *implicit feedback* para representar ações não explícitas, como visualizações ou scroll.

- Mantenha o histórico das últimas interações recentes para capturar contexto.

- Monitore desempenho com métricas como MAP@K, NDCG@K, Hit Rate e Precision@K.

- Avalie modelos com validação temporal, não apenas amostras aleatórias.

- Sempre implemente fallback para casos de ausência de histórico, erro ou dados incompletos.

Resumo Estratégico

Sistemas de recomendação operam na interseção entre engenharia, aprendizado e comportamento humano. Quando bem modelados, transformam experiências genéricas em jornadas personalizadas, aumentando retenção, engajamento e conversão. Seu impacto técnico é proporcional à clareza com que modelam preferências e antecipam desejos.

A construção de bons sistemas depende de estrutura modular, domínio das técnicas de predição, controle dos problemas de escassez e atualização, e integração com fluxos reais de dados. É um ciclo contínuo de observação, previsão e adaptação.

Recomendar é mais do que sugerir. É inferir contexto, entender comportamento e transformar dados em relevância. Quando isso é feito com precisão técnica, rigor estatístico e arquitetura sólida, o sistema de recomendação deixa de ser um componente auxiliar e passa a ser o núcleo inteligente de uma plataforma de decisão.

CAPÍTULO 20. MLOPS E INTEGRAÇÃO CONTÍNUA

À medida que modelos de machine learning saem da fase de prototipagem e passam a operar em ambientes produtivos, o desafio técnico deixa de ser apenas treinar modelos precisos e passa a ser sustentá-los com confiabilidade, escalabilidade e rastreabilidade. A resposta a esse desafio está em MLOps: uma disciplina que aplica princípios de engenharia de software, DevOps e arquitetura de dados à operacionalização de modelos de aprendizado de máquina.

MLOps permite automatizar o ciclo de vida completo de um modelo – do preparo dos dados à sua entrega contínua em produção –, garantindo que os sistemas aprendam, evoluam e se mantenham auditáveis. A integração com pipelines CI/CD, o versionamento rigoroso de modelos e dados, e o uso inteligente de infraestrutura em nuvem formam a base técnica de plataformas modernas de machine learning operacionais.

Automação de ciclos de treinamento e deploy

A automação do ciclo de machine learning começa com a definição de etapas reprodutíveis. Treinar um modelo envolve ingestão de dados, pré-processamento, feature engineering, definição da arquitetura, validação cruzada, avaliação e persistência do artefato treinado. Para operacionalizar isso, cada etapa deve ser encapsulada em unidades modulares com entradas e saídas bem definidas.

O uso de *pipelines* como abstração permite essa modularidade:

python

```python
from sklearn.pipeline import Pipeline

from sklearn.preprocessing import StandardScaler

from sklearn.ensemble import RandomForestClassifier


pipeline = Pipeline([
    ('escala', StandardScaler()),
    ('modelo', RandomForestClassifier(n_estimators=100))
])
pipeline.fit(X_train, y_train)
```

Ao serializar o pipeline treinado, encapsula-se toda a lógica do treinamento:

python

```python
import joblib

joblib.dump(pipeline, 'modelo_pipeline.pkl')
```

Para automação, o uso de orquestradores como Airflow, Prefect ou Kubeflow permite sequenciar tarefas:

- Etapa 1: extração de dados

- Etapa 2: transformação e limpeza

- Etapa 3: treinamento do modelo

- Etapa 4: validação e log de métricas

- Etapa 5: registro e deploy

Com Airflow:

python

```python
from airflow import DAG
from airflow.operators.python import PythonOperator


with DAG('ml_pipeline', start_date=datetime(2023, 1, 1)) as dag:
    extrair = PythonOperator(task_id='extrair',
python_callable=extrair_dados)
    treinar = PythonOperator(task_id='treinar',
python_callable=treinar_modelo)
    publicar = PythonOperator(task_id='publicar',
python_callable=publicar_modelo)
    extrair >> treinar >> publicar
```

A automação permite reentregrar modelos sempre que há mudança no dado ou na lógica, assegurando consistência e continuidade operacional.

Versionamento de modelos e dados

Em MLOps, versionar modelos é tão crítico quanto versionar código. Isso envolve não apenas o artefato .pkl, mas também seus metadados: métricas, hiperparâmetros, ambiente de execução, dataset utilizado e timestamp.

Plataformas como MLflow, DVC e Weights & Biases (W&B) oferecem infraestrutura para versionamento estruturado.

Com MLflow:

python

```
import mlflow

with mlflow.start_run():
    mlflow.log_param('n_estimators', 100)
    mlflow.log_metric('accuracy', 0.91)
    mlflow.sklearn.log_model(pipeline, 'modelo_rf')
```

Cada experimento gera um hash único e armazena o contexto completo da execução. Isso permite reverter versões, comparar modelos, auditar decisões e reproduzir comportamentos.

O versionamento de dados é feito com DVC (Data Version Control), que rastreia arquivos de dados grandes por meio de metadados leves:

bash

```
dvc init
dvc add dados.csv
git add dados.csv.dvc .gitignore
git commit -m "Versionamento de dados"
```

Ao emparelhar DVC com Git, garante-se a ligação entre o commit do código e a versão dos dados, eliminando ambiguidade sobre os resultados de uma execução.

Esse controle completo permite garantir que o modelo atual foi treinado com a versão exata do dataset e das features correspondentes, criando rastreabilidade total.

CI/CD com plataformas como Jenkins e GitLab

A entrega contínua de modelos exige a integração com pipelines CI/CD, que validam, testam, empacotam e publicam o modelo automaticamente após cada mudança significativa.

No GitLab CI, define-se um arquivo .gitlab-ci.yml que orquestra as etapas:

```yaml
stages:
  - build
  - test
  - deploy


build_modelo:
  stage: build
  script:
    - python train.py
    - mlflow run .


testes:
  stage: test
  script:
    - pytest tests/
```

```
deploy:
  stage: deploy
  script:
    - dvc pull
    - python deploy.py
  only:
    - main
```

No Jenkins, utiliza-se o *Jenkinsfile*:

groovy

```groovy
pipeline {
  agent any
  stages {
    stage('Treinar') {
      steps {
        sh 'python train.py'
      }
    }
    stage('Testar') {
      steps {
        sh 'pytest'
      }
    }
    stage('Publicar') {
```

```
steps {
    sh 'python deploy.py'
  }
 }
 }
}
```

Esses scripts permitem que o repositório se torne um sistema autoexecutável. Ao subir uma nova branch, o Jenkins ou o GitLab executa todos os testes e treina o novo modelo, publicando-o em ambiente de staging ou produção se aprovado.

Com a integração contínua, reduz-se o risco de regressão, automatiza-se a liberação de versões e garante-se consistência entre ambientes.

Escalonamento de recursos em nuvem

A produção de modelos exige infraestrutura elástica. Treinamentos podem durar horas e consumir múltiplas GPUs, enquanto inferências precisam acontecer em milissegundos, com disponibilidade alta.

Plataformas como AWS, GCP e Azure oferecem serviços gerenciados para escalonar modelos com controle granular de custo e performance.

Na AWS, o *SageMaker* permite treinar, validar, versionar e servir modelos com poucos comandos:

python

```
from sagemaker.sklearn import SKLearn
```

```
sklearn_estimator = SKLearn(entry_point='train.py',
                    role='SageMakerRole',
                    instance_type='ml.m5.large',
                    framework_version='0.23-1')


sklearn_estimator.fit({'train': 's3://bucket/dataset'})
```

No GCP, o *Vertex AI* realiza tarefas equivalentes com suporte nativo ao TensorFlow, Scikit-learn, XGBoost, PyTorch e AutoML.

O deploy pode ser feito como API REST escalável:

python

```
from sagemaker.model import Model


modelo = Model(model_data='s3://bucket/model.tar.gz',
          role='SageMakerRole',
          entry_point='inferencia.py')


endpoint    =    modelo.deploy(initial_instance_count=2,
instance_type='ml.m5.large')
```

Para ambientes com alto volume de requisições, utiliza-se autoescalonamento, cache, balanceamento de carga e armazenamento persistente para acelerar a inferência e reduzir custos.

A separação entre ambientes de staging, predição batch e inferência online deve ser rigorosa, com políticas claras de rollback, monitoramento e auditoria.

Resolução de Erros Comuns

Erro: "Pickle file cannot be loaded across Python versions"
Causa provável: Serialização do modelo em versão de Python incompatível.
Solução recomendada: Use formatos como joblib, ONNX ou MLflow com especificação de ambiente.

Erro: "No module named 'x'" em deploy
Causa provável: Dependência ausente no ambiente de execução.
Solução recomendada: Empacotar dependências com requirements.txt ou usar Docker com conda.yaml.

Erro: "ResourceExhaustedError" ao treinar
Causa provável: Dataset muito grande ou modelo muito profundo para a memória disponível.
Solução recomendada: Reduza batch size, utilize instâncias maiores ou aplique checkpointing.

Erro: "Data drift detected"
Causa provável: Mudança estatística entre dados de treino e de produção.
Solução recomendada: Aplicar monitoramento de distribuição e revalidação periódica.

Boas Práticas

- Encapsule toda a lógica de treinamento em scripts isoláveis e reexecutáveis.

- Registre cada experimento com métricas, artefatos, parâmetros e hashes de código.

- Use containers com ambiente reproduzível (Docker) e controle de versão de dependências.

- Mantenha pipelines modulares com pontos de reuso entre treinamento, teste e deploy.

- Automatize revalidações semanais ou mensais com triggers de dados ou tempo.

- Evite pipelines acopladas. Permita que cada etapa evolua separadamente.

- Implemente alertas em produção com base em falhas de predição, tempo de resposta e padrões fora do esperado.

- Crie artefatos versionáveis, legíveis e com documentação mínima embutida.

Resumo Estratégico

MLOps não é apenas uma tendência. É uma exigência estrutural para que machine learning funcione em ambientes reais. Treinar um bom modelo é apenas o início. Operacionalizar, monitorar, revalidar, versionar e entregar com consistência é o verdadeiro trabalho de engenharia.

A maturidade de um sistema de IA não se mede apenas

pela acurácia. Ela se mede pela confiabilidade com que esse sistema entrega valor continuamente, sem interrupções, sem regressões e com rastreabilidade total.

Transformar notebooks em pipelines, scripts em APIs e modelos em produtos exige disciplina técnica, automação robusta e visão sistêmica. MLOps é o que torna a IA produtiva. É o elo entre aprendizado e impacto. E quem domina MLOps não apenas entrega inteligência. Entrega infraestrutura viva de aprendizado em produção.

CAPÍTULO 21. DEPLOY DE MODELOS COM FLASK E FASTAPI

Construir modelos preditivos precisos é apenas parte da equação técnica. Para que a inteligência gerada por esses modelos possa ser utilizada de forma prática, ela precisa ser exposta, acessada e acionada com segurança, escalabilidade e rastreabilidade. O deploy de modelos via APIs transforma predições em funcionalidades acessíveis por sistemas externos, aplicações mobile, dashboards, rotinas automatizadas e serviços web.

Frameworks como Flask e FastAPI permitem encapsular lógica de predição em endpoints HTTP leves, documentados e escaláveis. A facilidade de integração, combinada à padronização dos fluxos RESTful e à compatibilidade com containers, faz desses frameworks ferramentas fundamentais para o deploy de modelos de machine learning em ambientes reais.

Este módulo apresenta as estratégias técnicas para construção, configuração, versionamento e manutenção de APIs preditivas utilizando Flask e FastAPI, com ênfase em estrutura, segurança, observabilidade e integração com ambientes produtivos.

Criação de endpoints para predição

O primeiro passo para expor um modelo via API é encapsular seu carregamento e sua lógica de inferência em uma função acessível por meio de uma requisição HTTP.

Com Flask:

python

```python
from flask import Flask, request, jsonify
import joblib

app = Flask(__name__)
modelo = joblib.load('modelo_pipeline.pkl')

@app.route('/predict', methods=['POST'])
def prever():
    dados = request.get_json()
    predicao = modelo.predict([dados['features']])
    return jsonify({'resultado': int(predicao[0])})
```

Com FastAPI:

python

```python
from fastapi import FastAPI
from pydantic import BaseModel
import joblib

app = FastAPI()
modelo = joblib.load('modelo_pipeline.pkl')

class Entrada(BaseModel):
    features: list
```

```
@app.post('/predict')
def prever(dados: Entrada):
    predicao = modelo.predict([dados.features])
    return {'resultado': int(predicao[0])}
```

A principal vantagem do FastAPI está na validação automática dos dados via pydantic, geração de documentação interativa (Swagger) e suporte nativo a async.

Ao rodar a aplicação com Uvicorn:

bash

```
uvicorn app:app --host 0.0.0.0 --port 8000
```

a API fica disponível para consumo. A interface /docs oferece um painel visual para testes e inspeção dos esquemas JSON de entrada e saída.

Endpoints adicionais podem ser criados para:

- Verificar status (/health)

- Obter metadados do modelo (/info)

- Processar lote de previsões (/predict_batch)

- Validar consistência de entrada

A segmentação clara dos endpoints garante organização e modularidade no acesso à inteligência embarcada.

Configuração de servidores e containers

Em produção, rodar uma API diretamente com o servidor embutido de Flask ou FastAPI não é recomendado. É necessário utilizar servidores robustos como Gunicorn ou Uvicorn com workers gerenciados.

Para Flask com Gunicorn:

bash

```
gunicorn app:app --bind 0.0.0.0:5000 --workers 4
```

Para FastAPI com Uvicorn:

bash

```
uvicorn app:app --host 0.0.0.0 --port 8000 --workers 4
```

A padronização com Docker permite empacotar toda a aplicação com suas dependências:

Dockerfile

```
FROM python:3.9
WORKDIR /app
COPY requirements.txt .
RUN pip install -r requirements.txt
COPY . .
CMD ["uvicorn", "app:app", "--host", "0.0.0.0", "--port", "8000"]
```

Com docker build -t modelo-api . e docker run -p 8000:8000 modelo-api, a aplicação já está pronta para ser usada em qualquer infraestrutura.

Para ambientes distribuídos, o uso de orquestradores como Kubernetes permite escalabilidade automática, balanceamento de carga, rolling updates e tolerância a falhas.

Em cloud providers como AWS, GCP e Azure, o deploy pode ser feito via ECS, EKS, App Engine, Cloud Run ou Functions, dependendo do tipo de workload e da política de escalonamento.

Integração de logs e métricas

Uma API preditiva deve ser observável. Isso significa expor logs, métricas e health checks que permitam acompanhar a operação e detectar anomalias em tempo real.

Logs estruturados capturam o histórico de chamadas:

python

```
import logging

logging.basicConfig(level=logging.INFO)

@app.post('/predict')
def prever(dados: Entrada):
    logging.info(f"Requisição recebida: {dados.features}")
    predicao = modelo.predict([dados.features])
    logging.info(f"Resultado retornado: {predicao[0]}")
    return {'resultado': int(predicao[0])}
```

Métricas como tempo de resposta, volume de requisições, códigos HTTP, taxa de erro e uso de CPU podem ser expostas via Prometheus:

python

```
from prometheus_client import Counter, Summary,
start_http_server


REQUESTS = Counter('total_requisicoes', 'Número total de
requisições')
TEMPO = Summary('tempo_execucao', 'Tempo de execução da
predição')


@TEMPO.time()
@app.post('/predict')
def prever(dados: Entrada):
    REQUESTS.inc()
    return {'resultado': int(modelo.predict([dados.features])
[0])}
```

Com start_http_server(8001), essas métricas ficam disponíveis para scrape e análise contínua.

O uso de ferramentas como Grafana, Kibana, ELK Stack, Loki e Datadog permite montar dashboards com painéis de saúde, alertas por e-mail ou Slack e análises históricas do desempenho da API.

Manutenção e versionamento de APIs

Ao evoluir uma API de predição, é fundamental controlar versões para não interromper sistemas clientes ou comprometer o rastreamento de decisões tomadas com versões antigas do modelo.

A estrutura de versionamento RESTful inclui o número da versão no endpoint:

python

```
@app.post('/v1/predict')
def prever_v1(...):

    ...


@app.post('/v2/predict')
def prever_v2(...):

    ...

```

Cada versão pode utilizar um modelo diferente, estrutura de entrada distinta ou lógica de inferência customizada. Isso permite convivência entre versões e transição controlada.

A documentação pode ser gerada automaticamente com FastAPI via OpenAPI. Em Flask, bibliotecas como Flasgger ou Swagger-UI permitem o mesmo efeito.

Para facilitar rollback, o deploy de modelos deve utilizar registro de artefatos versionados com hashes únicos. MLflow, DVC e SageMaker Model Registry são soluções estruturadas para esse controle.

Também é recomendado que cada modelo em produção possua um ID único, metadata associada e scripts para validação regressiva.

A manutenção inclui:

- Testes unitários da lógica da API com pytest

- Testes de contrato de input/output

- Monitoramento de latência

- Auditoria de chamadas para diagnóstico

- Atualização periódica de bibliotecas com segurança e retrocompatibilidade

Resolução de Erros Comuns

Erro: "AttributeError: 'NoneType' object has no attribute 'predict'"
Causa provável: Falha ao carregar o modelo durante inicialização.
Solução recomendada: Verifique caminhos relativos e absolutos no carregamento, e proteja a lógica com try/except.

Erro: "TypeError: Object of type int64 is not JSON serializable"
Causa provável: Tentativa de retornar tipos NumPy diretamente.
Solução recomendada: Converta com int() antes de retornar objetos para jsonify().

Erro: "Request entity too large"
Causa provável: Payload com entrada acima do limite padrão.
Solução recomendada: Aumente o limite com app.config['MAX_CONTENT_LENGTH'].

Erro: "CORS policy: No 'Access-Control-Allow-Origin' header"
Causa provável: API bloqueando chamadas de origens diferentes.
Solução recomendada: Habilite CORS com flask-cors ou FastAPI CORSMiddleware.

Boas Práticas

- Carregue o modelo uma única vez, no escopo global da aplicação.

- Valide entradas com esquemas rígidos. Nunca confie em dados externos sem verificação.

- Mantenha endpoints separados para predição, status e administração.

- Use versionamento semânticos nos caminhos da API e nos artefatos de modelo.

- Gere logs com contexto suficiente: timestamp, origem da requisição, ID da predição.

- Implemente testes automatizados com coverage completo da lógica.

- Trate exceções com retorno padronizado de erro e mensagem explicativa.

- Empacote com Docker e teste localmente antes de subir para ambientes gerenciados.

Resumo Estratégico

Transformar modelos em APIs é transformar capacidade analítica em funcionalidade acessível. É o elo entre o raciocínio estatístico e a engenharia de produto. Uma API bem construída permite que múltiplos sistemas acessem, testem e escalem predições em tempo real, com controle, segurança e clareza.

Deploy não é apenas publicar. É garantir disponibilidade, interpretar falhas, monitorar desempenho e evoluir versões sem impacto. É engenharia com visão de ciclo completo. E quem domina esse ciclo transforma modelos em valor operacional contínuo, com impacto direto em produto, decisão e resultado.

CAPÍTULO 22. AUTOMAÇÃO DE TAREFAS E JOBS DE ML

Projetos de machine learning em ambientes reais não terminam no treinamento do modelo. A inteligência precisa ser mantida viva, monitorada e continuamente atualizada. Isso exige mais do que código e modelagem: exige automação. Jobs recorrentes, alertas proativos, reprocessamentos e geração de relatórios são tarefas essenciais para garantir que modelos continuem relevantes, seguros e eficazes com o passar do tempo.

A automação de tarefas e orquestração de pipelines são componentes fundamentais da arquitetura de machine learning operacional. Desde scripts simples agendados com cron até orquestradores robustos como Apache Airflow, Prefect e Dagster, a engenharia moderna de ML precisa estruturar fluxos inteligentes, reprodutíveis e monitoráveis.

Este módulo apresenta uma abordagem técnica e aplicada para automação de pipelines e tarefas de ML com foco em cron, orquestração com Airflow, geração de relatórios automatizados, monitoramento de jobs e retreinamento programado, com ênfase na clareza estrutural, estabilidade e manutenção contínua.

Cron, Airflow e orquestração de fluxos

Cron é o agendador padrão de tarefas em sistemas Unix. Ideal para execuções locais simples, como scripts de treinamento, pré-processamento ou upload de relatórios. Sua sintaxe permite definir intervalos regulares:

bash

```
# Executa o script de treino todo dia às 3h

0 3 * * * /usr/bin/python3 /projetos/treinar_modelo.py >> /
logs/treino.log 2>&1
```

Para ambientes mais complexos e pipelines com múltiplas etapas, dependências, reprocessamentos e controle de falhas, utiliza-se *Airflow*. Ele permite modelar cada job como uma tarefa dentro de um DAG (Directed Acyclic Graph), com agendamento automático, monitoramento visual, reexecução manual e alertas nativos.

Instalação básica:

bash

```
pip install apache-airflow

airflow db init

airflow users create --username admin --role Admin --email
admin@email.com --firstname Admin --lastname User --
password admin

airflow webserver --port 8080

airflow scheduler
```

Um DAG de pipeline de ML em Airflow segue o padrão abaixo:

python

```
from airflow import DAG

from airflow.operators.python import PythonOperator

from datetime import datetime
```

```python
def extrair():
    ...


def treinar():
    ...


def publicar():
    ...


with DAG(dag_id='ml_pipeline',
         start_date=datetime(2024, 1, 1),
         schedule_interval='0 3 * * *',
         catchup=False) as dag:

    etapa_extrair = PythonOperator(task_id='extrair_dados',
python_callable=extrair)
    etapa_treinar = PythonOperator(task_id='treinar_modelo',
python_callable=treinar)
    etapa_publicar =
PythonOperator(task_id='publicar_modelo',
python_callable=publicar)

    etapa_extrair >> etapa_treinar >> etapa_publicar
```

Cada função encapsula um estágio da pipeline. Airflow garante execução ordenada, logs detalhados, retries em caso de falha e triggers manuais. Pode ser integrado com S3, GCS, BigQuery, Snowflake, APIs REST e scripts locais com grande facilidade.

Em ambientes mais modernos, Prefect oferece uma sintaxe mais leve, programação dinâmica de tarefas e execução distribuída com agendamento flexível.

Geração de relatórios e alertas automatizados

Relatórios técnicos e gerenciais são parte essencial da operação de machine learning. A geração automatizada desses relatórios garante transparência, auditabilidade e comunicação contínua entre a inteligência técnica e a operação do negócio.

A estrutura padrão de um relatório inclui:

- Performance atual do modelo (acurácia, f1, perda)

- Comparação com versões anteriores

- Mudanças nos dados de entrada

- Frequência de uso da API

- Alertas de degradação

Com Jupyter + nbconvert, é possível gerar relatórios PDF ou HTML agendados via cron:

bash

```
jupyter nbconvert --execute relatorio_modelo.ipynb --to html
--output relatorio_diario.html
```

Com Python + ReportLab ou Pandas + Matplotlib, relatórios podem ser construídos diretamente em PDF ou Excel:

python

```
import pandas as pd
df = pd.read_csv('resultados.csv')
df.to_excel('relatorio_modelo.xlsx')
```

Para alertas automáticos, integra-se o pipeline com serviços como:

- Email (via smtplib)

- Slack (via Webhooks)

- Discord

- Microsoft Teams

- API de incidentes (PagerDuty, Opsgenie)

Um alerta por e-mail:

python

```
import smtplib
from email.message import EmailMessage

msg = EmailMessage()
msg['Subject'] = 'Alerta: queda na acurácia'
msg['From'] = 'monitor@empresa.com'
```

```
msg['To'] = 'equipe@empresa.com'
msg.set_content('A acurácia caiu abaixo do limiar
configurado.')


with smtplib.SMTP('smtp.empresa.com') as server:
    server.send_message(msg)
```

O envio pode ser embutido no final da DAG do Airflow, ativado condicionalmente ou disparado por falhas.

Monitoração de pipelines em produção

Monitorar o comportamento de pipelines e jobs agendados é fundamental para garantir confiança e estabilidade. Métricas críticas incluem:

- Sucesso ou falha da execução

- Tempo de duração por etapa

- Volume de dados processados

- Resultados das métricas de desempenho do modelo

- Uso de recursos (CPU, memória, disco, GPU)

Airflow exibe painéis nativos com histórico de execuções, gráficos de Gantt e logs individuais. Além disso, permite configurar notificações por email ou webhook para falhas.

Com Prometheus + Grafana, é possível expor métricas de scripts e APIs:

python

```
from prometheus_client import start_http_server, Summary


tempo_execucao = Summary('tempo_pipeline', 'Tempo de
execução da pipeline')


@tempo_execucao.time()
def pipeline_ml():
    ...
```

No Grafana, define-se painéis para alertar em caso de picos de duração, falhas consecutivas ou degradação de métrica preditiva.

A integração com logs estruturados (ELK Stack) e rastreamento distribuído (OpenTelemetry) melhora a visibilidade e a correlação de eventos em pipelines complexas.

A operação deve prever verificação ativa das dependências (testes de conexão com fontes, validação de schema, consistência de partições) e monitoramento contínuo do comportamento dos dados (data drift, outliers, sparsidade, nulls).

Agendamento de re-treinamento e atualização

Modelos em produção se degradam com o tempo. Dados mudam, comportamento do usuário evolui, regras de negócio se alteram. Automatizar o retreinamento é a chave para manter relevância sem esforço humano contínuo.

As estratégias de retreinamento incluem:

- Agendamento por tempo (diário, semanal, mensal)

- Gatilho por quantidade de dados novos

- Gatilho por degradação detectada nas métricas

- Gatilho por mudança significativa no perfil dos dados

Em Airflow:

python

```python
def avaliar_necessidade():
    if nova_base_disponivel() and acuracia_atual < 0.85:
        return 'treinar_modelo'
    return 'fim'


avaliar = BranchPythonOperator(
    task_id='avaliar_retreinamento',
    python_callable=avaliar_necessidade,
    dag=dag
)
```

Esse tipo de controle evita retrabalho desnecessário e garante que o modelo seja reavaliado apenas quando houver evidência de necessidade.

Além do treino, a publicação e a substituição do modelo ativo devem ser estruturadas para:

- Substituir endpoints com zero downtime

- Registrar novo modelo e métricas

- Versionar artefato e histórico de produção

- Manter rollback acessível

O ideal é que todo o ciclo – da chegada de novos dados ao deploy de um novo modelo – possa ser executado de ponta a ponta de forma programada, validada e auditável.

Resolução de Erros Comuns

Erro: "Task failed with exit code 1" no Airflow
Causa provável: Script com exceção silenciosa ou falha em dependência externa.
Solução recomendada: Ative logs detalhados com logging e utilize try/except com mensagens explícitas.

Erro: "Cron job not executing"
Causa provável: Falha na permissão, no path do Python ou no script.
Solução recomendada: Use caminhos absolutos e redirecione logs com 2>&1.

Erro: "Broken DAG"
Causa provável: Erro de sintaxe ou importação ao carregar arquivo .py no Airflow.
Solução recomendada: Teste localmente com airflow tasks test nome_dag nome_task data.

Erro: "Dataset is not updated"
Causa provável: Pipeline executada sem nova partição ou update real de dado.
Solução recomendada: Adicione verificações de mudança incremental na ingestão.

Boas Práticas

- Modele pipelines como DAGs modulares com reutilização de tarefas em diferentes fluxos.

- Separe lógica de negócio e lógica de orquestração. Scripts devem ser reusáveis e testáveis independentemente.

- Armazene logs estruturados com timestamp, task_id, status e tempo de execução.

- Documente todos os agendamentos com frequência, responsável e dependências.

- Aplique validações de integridade dos dados antes de qualquer treino ou ingestão.

- Utilize ferramentas de linters e testes unitários também nos scripts de automação.

- Monitore anomalias de comportamento e não apenas falhas binárias.

- Mantenha histórico das execuções com metadados, tempo e resultados.

Resumo Estratégico

Automatizar tarefas e orquestrar fluxos é o que transforma modelos de machine learning em sistemas vivos, reativos e adaptáveis. É o que garante que o aprendizado evolua com os dados, que a inteligência permaneça atualizada e que o sistema opere com autonomia.

A disciplina da automação exige não só ferramentas técnicas, mas mentalidade de engenharia contínua. Cada job agendado é um ponto de inteligência operando sem intervenção. Cada DAG bem estruturada é uma peça de arquitetura confiável em produção.

Orquestrar pipelines não é apenas conectar scripts. É construir uma linha de produção de aprendizado. E manter essa linha operando com eficiência, clareza e confiança é o que separa modelos pontuais de sistemas realmente inteligentes.

CAPÍTULO 23. ANÁLISE DE SÉRIES TEMPORAIS

Séries temporais são conjuntos de dados sequenciais organizados em função do tempo. Sua natureza impõe dependência entre observações, sazonalidades, tendência, ciclos e variações irregulares. Essa estrutura exige abordagens específicas para modelagem, predição e validação. Dominar análise temporal é essencial para setores como finanças, logística, energia, saúde, varejo, meteorologia e monitoramento industrial.

A engenharia de séries temporais vai além da previsão. Ela permite entender comportamento dinâmico, detectar rupturas, simular cenários futuros e tomar decisões baseadas em padrões que se revelam no tempo. Modelos clássicos como ARIMA, SARIMA e ETS seguem sendo pilares, enquanto redes neurais e arquiteturas especializadas como LSTM, TCN e Transformers expandidos por embeddings temporais ganham destaque em aplicações mais complexas.

Este módulo explora a engenharia prática para análise de séries temporais, incluindo preparação de dados, modelagem com estatística clássica e deep learning, estratégias de forecasting e estruturação de pipelines robustos com métricas confiáveis.

Preparação de dados temporais e agregações

O preparo correto dos dados é determinante para a eficácia da análise temporal. As etapas iniciais envolvem:

- Conversão da coluna temporal para datetime

- Ordenação cronológica

- Definição de frequência (diária, mensal, semanal, horária)

- Tratamento de valores ausentes e duplicações

- Geração de variáveis sazonais e temporais auxiliares

python
```
import pandas as pd

df['data'] = pd.to_datetime(df['data'])
df = df.sort_values('data')
df = df.set_index('data').asfreq('D')
```

Ao reamostrar a série, utilizam-se métodos como média, soma, contagem ou último valor do dia:

python
```
serie_diaria = df['valor'].resample('D').mean()
serie_mensal = df['valor'].resample('M').sum()
```

O preenchimento de lacunas pode ser feito com interpolação ou propagação:

python

```
serie_diaria = serie_diaria.interpolate(method='time')
```

A criação de *features* derivadas melhora a capacidade preditiva. Exemplos comuns:

python

```
df['dia'] = df.index.day
df['mes'] = df.index.month
df['dia_semana'] = df.index.dayofweek
df['is_fim_semana'] = df['dia_semana'] >= 5
```

Variáveis defasadas são essenciais para modelos supervisionados:

python

```
df['lag_1'] = df['valor'].shift(1)
df['media_7d'] = df['valor'].rolling(7).mean()
```

Essas janelas capturam padrões locais e ajudam a modelar dependência temporal.

Modelos clássicos (ARIMA, SARIMA, ETS)

A modelagem clássica parte da suposição de que a série pode ser descrita por componentes de tendência, sazonalidade e ruído. O modelo *ARIMA* (AutoRegressive Integrated Moving Average) combina três elementos:

- AR: dependência de valores passados

- I: integração (diferença) para remover tendência

- MA: dependência dos resíduos passados

python

```
from statsmodels.tsa.arima.model import ARIMA

modelo = ARIMA(df['valor'], order=(2,1,2))
ajustado = modelo.fit()
previsao = ajustado.forecast(steps=10)
```

O SARIMA expande o ARIMA para considerar sazonalidade explícita:

python

```
from statsmodels.tsa.statespace.sarimax import SARIMAX

modelo = SARIMAX(df['valor'], order=(1,1,1),
seasonal_order=(1,1,0,12))
ajustado = modelo.fit()
```

Já o ETS (Error, Trend, Seasonality) modela as componentes separadamente:

python

```
from statsmodels.tsa.holtwinters import
ExponentialSmoothing

modelo = ExponentialSmoothing(df['valor'], trend='add',
```

```
seasonal='add', seasonal_periods=12)
ajustado = modelo.fit()
```

Esses modelos são robustos para séries univariadas com padrões regulares, de fácil interpretação e baixa complexidade computacional. No entanto, têm limitações em dados com múltiplos fatores externos ou irregularidades.

A escolha dos parâmetros é feita por AIC, BIC ou validação com dados separados. A decomposição de séries auxilia no diagnóstico:

python

```
from statsmodels.tsa.seasonal import seasonal_decompose

decomposicao = seasonal_decompose(df['valor'],
model='additive')
decomposicao.plot()
```

Modelos baseados em redes neurais para time series

Para séries multivariadas, relações não lineares e dependências de longo prazo, redes neurais oferecem maior flexibilidade. A arquitetura mais utilizada é a *LSTM* (Long Short-Term Memory), projetada para capturar dependência sequencial com persistência de estados.

python

```
from keras.models import Sequential
from keras.layers import LSTM, Dense

modelo = Sequential()
```

```
modelo.add(LSTM(50, activation='relu', input_shape=(10,1)))
modelo.add(Dense(1))
modelo.compile(optimizer='adam', loss='mse')
modelo.fit(X_train, y_train, epochs=50)
```

O dado deve ser formatado como janelas de entrada (X) e saídas (y), com X.shape = (samples, time_steps, features).

Para múltiplas séries com estrutura compartilhada, utiliza-se TimeSeriesGenerator:

python

```
from keras.preprocessing.sequence import
TimeseriesGenerator
```

```
gerador = TimeseriesGenerator(serie, serie, length=10,
batch_size=32)
```

Além da LSTM, arquiteturas como *Temporal Convolutional Networks (TCN)* e Transformers adaptados à dimensão temporal oferecem ganhos em séries de alta granularidade ou multivariadas com atraso.

Modelos como DeepAR, N-BEATS e Informer vêm sendo aplicados com sucesso em forecast escalável com múltiplas séries paralelas.

Para aplicações com poucos dados ou sem GPU, Prophet da Meta oferece abordagem aditiva com estrutura simples:

python

```
from prophet import Prophet
```

```
df_prophet = df.reset_index().rename(columns={'data': 'ds',
'valor': 'y'})
modelo = Prophet()
modelo.fit(df_prophet)
futuro = modelo.make_future_dataframe(periods=30)
previsao = modelo.predict(futuro)
```

Forecasting e avaliação de resultados

A previsão de séries temporais pode ser:

- One-step ahead: uma previsão por vez com lag fixo

- Multi-step direct: várias previsões independentes

- Multi-step recursive: usar previsão como entrada para a próxima

A avaliação é feita com métricas específicas para previsão contínua:

- MAE – Mean Absolute Error

- RMSE – Root Mean Square Error

- MAPE – Mean Absolute Percentage Error

python

```python
from sklearn.metrics import mean_absolute_error,
mean_squared_error


mae = mean_absolute_error(y_test, previsao)
rmse = mean_squared_error(y_test, previsao, squared=False)
```

Para séries com sazonalidade, utilizar métricas que penalizem desvios em períodos críticos é recomendado.

A validação temporal deve preservar a ordem dos dados. Usa-se *walk-forward validation*, onde o modelo é ajustado e testado em janelas deslizantes:

python

```python
for i in range(10, len(df)):
    treino = df[:i]
    teste = df[i:i+1]
    ...
```

Esse método avalia a capacidade real de generalização do modelo em cenários produtivos com dados futuros.

Resolução de Erros Comuns

Erro: "ValueError: non-invertible starting MA parameters found"
Causa provável: Ordem inadequada no modelo ARIMA.
Solução recomendada: Use auto_arima() da biblioteca pmdarima para estimar parâmetros.

Erro: "NaN values after resample or shift"
Causa provável: Falha ao preencher lacunas.
Solução recomendada: Use interpolate() ou fillna(method='ffill')
antes da modelagem.

Erro: "Input shape mismatch in LSTM"
Causa provável: Dados não formatados corretamente como
tensor 3D.
Solução recomendada: **Verifique** X.reshape(amostras, janelas,
features).

Erro: "Cannot reindex from a duplicate axis"
Causa provável: Índices duplicados na coluna temporal.
Solução recomendada: **Use** df = df[~df.index.duplicated()] **para**
limpar duplicações.

Boas Práticas

- Sempre visualize a série completa antes de modelar.
  Tendência, ruído e rupturas precisam ser diagnosticados.

- Normalize os dados ao usar redes neurais. As funções de
  ativação são sensíveis a escalas.

- Nunca embaralhe dados temporais. Preserve a ordem no
  treino, validação e teste.

- Utilize janelas deslizantes com buffer para previsões
  múltiplas com dependência realista.

- Modele variáveis externas (clima, preço, campanhas)
  como *exógenas* nos modelos estatísticos ou como *features*

nos neurais.

- Em séries muito ruidosas, combine média móvel com LSTM para estabilização da entrada.

- Monitore previsão acumulada em horizonte longo. Pequenos erros por passo se propagam.

- Documente a granularidade, frequência, lacunas, métricas, janelas e forma de previsão.

Resumo Estratégico

Analisar séries temporais é dominar o tempo com estrutura. Cada ponto não é apenas um valor, é uma parte de uma história. Modelos eficazes capturam essa história, extraem padrões e projetam o futuro com base no passado. Em ambientes produtivos, a previsibilidade é um ativo estratégico.

A engenharia temporal exige preparo detalhado, escolha criteriosa de modelos e validação com estrutura. Os clássicos oferecem robustez, os neurais trazem flexibilidade. A escolha entre eles depende do volume de dados, da complexidade da série e da precisão exigida.

Modelar no tempo é mais do que prever. É interpretar a dinâmica, compreender a sazonalidade, antecipar rupturas e dar clareza ao que ainda não aconteceu. É transformar passado em estrutura de decisão futura.

CAPÍTULO 24. BIG DATA E INTEGRAÇÃO COM SPARK

Projetos de machine learning e análise de dados em escala real exigem processamento distribuído, paralelização de tarefas e manipulação de grandes volumes de dados com eficiência. O Apache Spark tornou-se o motor dominante nesse cenário por sua flexibilidade, velocidade e capacidade de integrar processamento batch, streaming e interativo com suporte a múltiplas linguagens, incluindo Python, via PySpark.

O Spark abstrai o processamento distribuído em estruturas como RDDs e DataFrames, permitindo a construção de pipelines de transformação em cluster com milhares de nós. Sua arquitetura em memória, otimizações com DAGs e engine de execução resiliente o tornam ideal para análises em grandes volumes, integração com Hadoop, execução de consultas SQL distribuídas e treinamento de modelos com MLlib.

Este módulo apresenta os fundamentos da integração com Spark via PySpark, estruturação de transformações e ações em larga escala, ajustes de performance, integração com ecossistemas como HDFS e Hive, e práticas robustas para engenharia de dados em ambientes distribuídos.

Conceitos de RDD, DataFrame e SQL

O núcleo da abstração do Spark está nos RDDs (Resilient Distributed Datasets), estruturas imutáveis e tolerantes a falhas que representam coleções de dados distribuídas em múltiplos nós.

Criação de um RDD:

python

```
from pyspark import SparkContext


sc = SparkContext()
rdd = sc.parallelize([1, 2, 3, 4])
```

RDDs permitem operações funcionais como map, filter, reduce **e** flatMap**:**

python

```
rdd.map(lambda x: x * 2).filter(lambda x: x > 4).collect()
```

Embora potentes, RDDs exigem manipulação manual de schema e tipos. Por isso, a API de DataFrame foi introduzida, trazendo estrutura tabular, tipagem, otimizações automáticas e interoperabilidade com SQL:

python

```
from pyspark.sql import SparkSession


spark =
SparkSession.builder.appName("bigdata").getOrCreate()
df = spark.read.csv('dados.csv', header=True,
inferSchema=True)
```

DataFrames permitem manipulações similares às do Pandas:

python

```
df.filter(df['idade'] > 30).groupBy('profissao').count().show()
```

Para consultas mais complexas, o SparkSQL expande a análise com comandos declarativos:

python

```
df.createOrReplaceTempView("pessoas")

spark.sql("SELECT profissao, AVG(salario) FROM pessoas GROUP BY profissao").show()
```

A flexibilidade entre APIs permite alternar entre operações funcionais, expressões SQL e transformação por UDFs (User Defined Functions).

Transformações e ações em larga escala

Transformações no Spark são preguiçosas (lazy evaluation). Isso significa que as operações encadeadas não são executadas imediatamente, mas sim acumuladas como um plano de execução que será ativado apenas por uma ação final.

Transformações comuns:

python

```
df = df.withColumn('salario_ajustado', df.salario * 1.1)

df = df.dropna()

df = df.withColumnRenamed('data_nasc', 'nascimento')
```

Ações que disparam a execução:

- show(): exibe o conteúdo

- collect(): traz todos os dados para o driver

- count(): retorna número de registros

- write: exporta os dados

python

```
df.write.mode('overwrite').parquet('saida.parquet')
```

Operações devem ser estruturadas com atenção à movimentação de dados. Evitar collect() em grandes volumes previne estouro de memória no nó central.

Transformações encadeadas devem ser encurtadas com persistência intermediária quando necessário:

python

```
df = df.filter(df['ano'] >= 2020).persist()
```

Essa persistência evita reexecuções de etapas pesadas e melhora a performance em ações múltiplas subsequentes.

Operações de join em escala devem usar broadcast para conjuntos pequenos:

python

```
from pyspark.sql.functions import broadcast

df_join = df1.join(broadcast(df2), on='id')
```

Esses cuidados evitam *shuffle* desnecessário e reduzem gargalos no plano de execução.

Otimização de jobs e ajuste de configurações

A performance do Spark depende de uma configuração equilibrada entre CPU, memória, partições e volume de dados. Os parâmetros críticos incluem:

- spark.executor.memory: **define a RAM por executor**

- spark.executor.cores: **número de threads por executor**

- spark.sql.shuffle.partitions: **número de partições para** operações de agregação e join

- spark.driver.memory: **memória do nó principal**

Ao lidar com dados extensos:

python

```
spark.conf.set("spark.sql.shuffle.partitions", "200")
```

O particionamento explícito de dados pode melhorar a paralelização:

python

```
df = df.repartition(100, 'categoria')
```

Para análise de performance, usa-se o explain():

python

```
df.groupBy('grupo').agg({'valor': 'sum'}).explain(True)
```

Isso exibe o plano físico de execução, indicando onde ocorrem *shuffle*, leitura sequencial ou broadcast.

Ajustes adicionais incluem:

- Cache inteligente com persist(StorageLevel.MEMORY_AND_DISK)

- Compressão de arquivos com Parquet + Snappy

- Combinação de arquivos pequenos em lotes grandes para reduzir overhead

A alocação correta de recursos é testada empiricamente com *benchmarking*, usando amostras representativas da carga real.

Conexão com Hadoop e ecossistemas distribuídos

Spark se integra nativamente com o ecossistema Hadoop. Ao rodar sobre YARN, os jobs Spark compartilham o cluster com outros serviços e respeitam políticas de alocação de recursos centralizadas.

A leitura de dados do HDFS é feita diretamente:

python

```python
df = spark.read.parquet("hdfs://namenode:9000/dados/
parquet/")
```

Outras fontes suportadas:

- Hive: com suporte a metastore

- Cassandra: com conector nativo

- **Kafka:** via spark-sql-kafka

- Delta Lake: com transações ACID

Com Hive:

python

```python
spark.sql("CREATE TABLE IF NOT EXISTS vendas (id INT, valor
DOUBLE)")
spark.sql("SELECT * FROM vendas WHERE valor > 500")
```

Para ingestão em tempo real, o Spark Structured Streaming permite processar fluxos contínuos:

python

```python
df_stream =
spark.readStream.format("kafka").option("subscribe",
"topico").load()
```

Os resultados podem ser gravados em sistemas de arquivos, bancos ou painéis de visualização. O controle de checkpointing e *watermarks* assegura consistência nos dados em fluxo.

Essa integração transforma o Spark em um núcleo de processamento massivo com conectividade plena a sistemas OLAP, OLTP e de eventos.

Resolução de Erros Comuns

Erro: "Stage failed due to task not serializable"
Causa provável: Objeto Python não serializável incluído na função do Spark.
Solução recomendada: Mantenha apenas tipos nativos e evite uso de objetos externos em map, UDF.

Erro: "OutOfMemoryError: GC overhead limit exceeded"
Causa provável: Volume de dados muito alto em um executor.
Solução recomendada: Aumentar memória do executor ou particionar melhor os dados.

Erro: "Job aborted due to stage failure"
Causa provável: Falha em uma das partições.
Solução recomendada: Verifique se há valores nulos, divisão por zero ou dados corrompidos.

Erro: "Cannot broadcast the table"
Causa provável: Tamanho da tabela auxiliar excede limite de broadcast.
Solução recomendada: Usar join normal ou reduzir volume da tabela auxiliar.

Boas Práticas

- Comece com sample do dataset antes de processar a base

inteira.

- Use .select() explicitamente para evitar leitura de colunas desnecessárias.

- Evite encadeamento excessivo sem persistência intermediária. Use cache() com estratégia.

- Prefira formatos como Parquet e ORC para leitura e escrita. São binários, comprimidos e colunar.

- Utilize broadcast em joins com tabelas pequenas e estáticas.

- Faça tuning de shuffle.partitions com base no cluster.

- Sempre monitore jobs via Spark UI e revise o DAG de execução.

- Documente configurações de ambiente, número de workers, tamanho de memória e quantidade de dados.

Resumo Estratégico

O Spark não é apenas uma ferramenta de processamento distribuído. É uma plataforma de engenharia de dados em larga escala, com flexibilidade para análise, modelagem, ETL, stream e machine learning em cluster. Seu poder está na capacidade de escalar lógica, não apenas volume.

Trabalhar com Spark exige domínio da arquitetura distribuída, compreensão do impacto de cada transformação e habilidade para otimizar jobs com equilíbrio entre paralelismo, memória e consistência. É engenharia aplicada à escala.

Ao integrar o Spark a sistemas como Hadoop, Hive, Kafka e bancos de dados distribuídos, constrói-se um ecossistema que não apenas armazena dados, mas transforma dados em decisões de forma contínua, rápida e sustentável. Engenharia de big data não é apenas mover dados. É orquestrar inteligência sobre eles. Em produção. Em escala. Com controle.

CAPÍTULO 25.
MONITORAMENTO E TUNING
DE MODELOS EM PRODUÇÃO

Manter um modelo em produção não é um estado final. É um ciclo contínuo de observação, diagnóstico, ajuste e revalidação. Um modelo implantado sem monitoramento se torna rapidamente obsoleto, impreciso ou até perigoso. A performance preditiva se degrada ao longo do tempo, fenômeno conhecido como *model decay*, causado por mudanças no comportamento dos dados, contextos de negócio e ambiente operacional.

Monitoramento de modelos é uma disciplina que exige estrutura técnica rigorosa. Envolve métricas contínuas, logs instrumentados, comparação com versões anteriores, alertas em tempo real, detecção de drift, teste de impacto com usuários reais e retuning automático ou assistido. O objetivo é garantir que o modelo continue entregando valor sob as mesmas condições que o fizeram viável no momento da validação.

Este módulo detalha a engenharia necessária para monitorar, ajustar e evoluir modelos de machine learning em produção, cobrindo ferramentas, métricas, testes controlados, técnicas de tuning e estratégias de revalidação com foco técnico e operacional.

Métricas de drift e revalidação contínua

Métricas de drift são utilizadas para identificar mudanças na distribuição dos dados de entrada (input drift), nos padrões do target (concept drift) ou no comportamento da predição (prediction drift). Essas mudanças podem tornar o modelo inadequado mesmo que ele ainda opere tecnicamente.

As principais técnicas de detecção incluem:

- KS Test (Kolmogorov-Smirnov)

- PSI (Population Stability Index)

- Jensen-Shannon divergence

- Kullback-Leibler divergence

- Média móvel da diferença de distribuição

python

```python
from scipy.stats import ks_2samp


stat, p_valor = ks_2samp(distribuicao_treino,
distribuicao_entrada)
if p_valor < 0.05:
    print("Drift detectado")
```

O PSI é utilizado para verificar estabilidade entre variáveis contínuas:

python

```python
import numpy as np
```

```python
def psi(baseline, atual, buckets=10):
    quantis = np.percentile(baseline, np.linspace(0, 100, buckets + 1))
    baseline_hist = np.histogram(baseline, bins=quantis)[0] / len(baseline)
    atual_hist = np.histogram(atual, bins=quantis)[0] / len(atual)
    return np.sum((baseline_hist - atual_hist) * np.log(baseline_hist / atual_hist))
```

Valores de PSI acima de 0.2 indicam instabilidade severa e necessidade de retreinamento.

A revalidação contínua envolve comparar previsões atuais com targets reais e medir a degradação:

python

```python
from sklearn.metrics import accuracy_score


acuracia_atual = accuracy_score(y_real, y_predito)
if acuracia_atual < 0.8:
    print("Desempenho abaixo do esperado, avaliar retraining")
```

Essas métricas devem ser monitoradas com janelas móveis, permitindo comparações com histórico e detecção de rupturas.

Ferramentas de observabilidade e logging inteligente

A observabilidade de modelos envolve registrar, expor e visualizar dados de entrada, saída, métricas e eventos relacionados às predições.

Logs estruturados devem conter:

- timestamp

- versão do modelo

- dados de entrada resumidos

- predição

- score

- latência

- usuário ou sistema origem

- identificador da requisição

python

```python
import logging
import json

log = {
    "modelo_versao": "1.3.7",
    "timestamp": "2025-01-01T10:45:12",
    "entrada": {"idade": 42, "salario": 3500},
    "predicao": "inadimplente",
```

```
  "score": 0.87,
  "latencia_ms": 65
}
```

logging.info(json.dumps(log))

Logs devem ser enviados para ferramentas como:

- ELK Stack (Elasticsearch + Logstash + Kibana)

- Datadog

- Prometheus + Grafana

- Amazon CloudWatch

- Google Cloud Logging

Além dos logs, a telemetria do modelo deve capturar:
- número de predições por intervalo

- percentual por classe predita

- tempo médio de resposta

- taxa de erro (timeouts, inputs inválidos, exceções)

- uso de recursos (CPU, memória, GPU)

Com Prometheus:

python

```
from prometheus_client import Counter, Histogram

predicoes_total = Counter('predicoes_total', 'Total de predições
feitas')
tempo_inferencia = Histogram('latencia_inferencia', 'Tempo
da inferência')

@tempo_inferencia.time()
def inferir():
    predicoes_total.inc()
    return modelo.predict(...)
```

Essas métricas são acessadas por dashboards em tempo real, com alertas por thresholds de latência, desbalanceamento, erro ou drift.

A/B testing e deploy canário

Para validar novos modelos, técnicas como *A/B testing* e *deploy canário* permitem testar em produção de forma controlada, reduzindo riscos.

A/B testing divide o tráfego em dois grupos. Um usa o modelo atual (controle) e outro o novo modelo (variação). A comparação entre eles é feita por métricas de negócio, como conversão, retenção, satisfação ou lucro.

Exemplo de roteamento por hash:

python

```python
def rotear_modelo(id_usuario):
    if hash(id_usuario) % 2 == 0:
        return modelo_v1.predict(...)
    else:
        return modelo_v2.predict(...)
```

Os resultados de cada grupo devem ser armazenados separadamente para análise estatística. O teste deve seguir rigor de experimento: aleatoriedade, controle de variáveis e tempo de exposição suficiente.

Deploy canário libera gradualmente a nova versão do modelo para um pequeno percentual dos usuários:

python

```python
percentual_canario = 0.05
if random.random() < percentual_canario:
    return modelo_novo.predict(...)
else:
    return modelo_antigo.predict(...)
```

A estratégia permite monitorar impacto real com rollback instantâneo em caso de anomalia.

As fases típicas do canário:

- 5% de tráfego por 24h

- 25% com monitoramento intensivo

- 100% após validação completa

Essa estrutura evita surpresas em produção e garante transição segura entre versões.

Ajustes de performance e escalabilidade

Manter a latência e a eficiência dos modelos sob controle exige tuning da arquitetura de inferência, paralelismo e alocação de recursos.

Ações comuns para tuning:

- Quantização do modelo para reduzir tamanho (ex: torch.quantization)

- Conversão para formatos otimizados (ONNX, TensorRT)

- Cache de predições recentes com Redis ou memória local

- Paralelização por threads ou processos com Gunicorn, Uvicorn, Ray

- Deploy assíncrono com FastAPI + asyncio

Exemplo de inicialização com múltiplos workers:

bash

```
gunicorn app:app -w 4 -k uvicorn.workers.UvicornWorker
```

A escalabilidade horizontal é feita via replicação com Kubernetes e autoescalonamento por CPU ou tempo de resposta. O balanceador de carga deve distribuir requisições com base em peso, versão ou headers.

Ao lidar com alta concorrência:

- evite recarregar o modelo por requisição

- mantenha GPU ocupada com batch de inferência

- use modelo leve para pré-filtragem e pesado sob demanda

A elasticidade é tão importante quanto a acurácia. O modelo precisa ser rápido, leve e resiliente.

Resolução de Erros Comuns

Erro: "Input features mismatch"
Causa provável: Mudança no schema da entrada sem atualizar o modelo.
Solução recomendada: Versionar schema de entrada e validar antes de processar.

Erro: "Latência acima do aceitável"
Causa provável: Modelo muito pesado, sobrecarga no servidor ou ausência de cache.
Solução recomendada: Otimizar pipeline, aplicar quantização, cachear resultados repetidos.

Erro: "Drift detectado, mas sem trigger de ação"
Causa provável: Métricas detectadas, mas sem automação.
Solução recomendada: Conectar métricas a sistema de alertas ou trigger de revalidação.

Erro: "Erro silencioso nas predições"
Causa provável: Predição inválida, mas sem log.
Solução recomendada: Adicionar logging estruturado com

captura de exceções.

Boas Práticas

- Monitore o modelo como um sistema vivo: métrica, tráfego, latência, erro e desvio.

- Compare modelo atual com histórico, não apenas com baseline estático.

- Use logs legíveis por máquina, com formato JSON e tags padrão.

- Aplique versionamento para cada componente: entrada, feature set, modelo, dependências.

- Crie processos formais de rollback automático com base em degradação.

- Faça tuning com métricas reais de negócio, não apenas precisão técnica.

- Teste modelos em produção com A/B antes de promover versões amplas.

- Valide periodicamente se os dados reais ainda representam o domínio treinado.

Resumo Estratégico

Monitorar e ajustar modelos em produção é o que separa modelos acadêmicos de sistemas inteligentes confiáveis. A inteligência real não está apenas na acurácia. Está na estabilidade. No controle. Na capacidade de responder a mudanças. Um modelo que aprende, mas não se adapta, se perde. Um modelo que performa, mas não é monitorado, se compromete.

O ciclo de machine learning não termina no deploy. Ele começa ali. A maturidade de um sistema de IA se mede pela sua capacidade de evoluir com o mundo que observa. E essa evolução exige observabilidade, estrutura de decisão, controle de risco e ajuste contínuo.

Monitorar é mais do que ver. É interpretar, alertar e reagir. Tuning é mais do que melhorar. É sustentar. E produção é mais do que rodar. É entregar com confiança, previsibilidade e impacto real.

CAPÍTULO 26. SEGURANÇA E PRIVACIDADE EM PROJETOS DE DADOS

Projetos de ciência de dados operam sobre volumes massivos de informações, muitas vezes contendo dados pessoais, registros sensíveis e padrões comportamentais com alto valor estratégico. Isso os torna alvos de riscos operacionais, vazamentos, acessos indevidos e ataques direcionados a modelos e pipelines. Proteger esses ativos não é opcional. É obrigação técnica, legal e ética.

Segurança e privacidade são pilares estruturantes de qualquer pipeline de dados que lide com pessoas, organizações ou sistemas críticos. Desde a ingestão dos dados até a exposição de inferências por APIs, cada etapa deve ser protegida com medidas técnicas, políticas de controle e práticas compatíveis com normas internacionais como LGPD, GDPR, HIPAA e ISO/IEC 27001.

Este capítulo apresenta uma abordagem técnica aplicada à proteção de dados e modelos, cobrindo anonimização, controle de acesso, ataques adversariais, vazamento de inferência, criptografia, auditoria e compliance regulatório. O foco está na engenharia de segurança como parte inseparável da arquitetura de dados.

Proteção de dados sensíveis e anonimização

A primeira linha de defesa em projetos de dados é identificar quais atributos são considerados sensíveis ou pessoalmente identificáveis (PII – Personally Identifiable Information). Isso inclui:

- Nome completo

- CPF, RG, passaporte

- Endereço, telefone, e-mail

- Dados de localização

- Registro médico

- Informações bancárias

Tais dados devem ser tratados com técnicas de anonimização, pseudonimização ou agregação.

Anonimização remove completamente a possibilidade de reidentificação. Exemplos:

python

```
df = df.drop(columns=['nome', 'cpf', 'email'])
```

Pseudonimização substitui identificadores diretos por códigos não reversíveis:

python

```
import hashlib

df['usuario_hash'] = df['cpf'].apply(lambda x: hashlib.sha256(x.encode()).hexdigest())
```

Generalização reduz a granularidade de atributos:

python

```
df['idade_faixa'] = pd.cut(df['idade'], bins=[0,18,30,50,100],
labels=['0-18','19-30','31-50','50+'])
```

Agrupamento k-anonimato e *l-diversidade* são métodos estatísticos que garantem que um indivíduo não possa ser reidentificado por interseção de atributos.

Dados sensíveis em bases de treino devem ser removidos ou mascarados. Quando inevitáveis, devem ser criptografados e auditáveis, com acesso mínimo e controlado por autorização explícita.

Políticas de acesso e controle de permissões

A proteção de dados exige controle de acesso baseado em papéis (RBAC – Role-Based Access Control). Cada usuário ou serviço deve ter o mínimo necessário de acesso (princípio do menor privilégio).

Estrutura típica:

- Cientista de dados: acesso a dados anonimizados e ambiente de experimentação

- Engenheiro de dados: acesso a dados brutos em staging

- MLOps: acesso ao deploy e logs técnicos, não aos dados

- Compliance: acesso aos logs de auditoria

Em cloud, definem-se *IAM roles* por grupo e serviço. Na AWS:
json

```json
{
  "Version": "2012-10-17",
  "Statement": [{
    "Effect": "Allow",
    "Action": ["s3:GetObject"],
    "Resource": ["arn:aws:s3:::dados-anonimizados/*"]
  }]
}
```

Bases devem ser segmentadas por sensibilidade. Dados com grau crítico devem ter criptografia em repouso (AES-256), em trânsito (TLS 1.2+) e nos backups. A autenticação multifator (MFA) deve ser habilitada em todos os ambientes sensíveis.

Auditorias devem registrar:

- Acesso a dados por IP, usuário, horário

- Consultas feitas em bases sensíveis

- Exportações, downloads e movimentações externas

Logs devem ser imutáveis e retidos por período mínimo de conformidade.

Prevenção de ataques a modelos e dados

Modelos de machine learning também são alvos de ataque.

Alguns vetores conhecidos:

- **Evasão adversarial**: entradas maliciosas manipuladas para enganar o modelo.

- **Inferência de membership**: tentativa de descobrir se um dado estava no treino.

- **Extração de modelo**: uso de queries para reconstruir a lógica preditiva.

- **Envenenamento (data poisoning)**: inserção de dados maliciosos no treino para alterar o comportamento.

Para mitigar evasão adversarial:

- Normalize entradas

- Use validação cruzada com perturbações

- Aplique adversarial training

python

```
from art.attacks.evasion import FastGradientMethod
from art.estimators.classification import SklearnClassifier

clf = SklearnClassifier(model=rf_model)
attack = FastGradientMethod(estimator=clf, eps=0.1)
X_adv = attack.generate(x=X_test)
```

Para prevenir inferência de membership:

- Evite overfitting extremo

- Use differential privacy

Com Opacus no PyTorch:

python

```python
from opacus import PrivacyEngine

modelo = ...
privacy_engine = PrivacyEngine()
modelo, otimizador, data_loader =
privacy_engine.make_private(
    module=modelo,
    optimizer=otimizador,
    data_loader=data_loader,
    noise_multiplier=1.1,
    max_grad_norm=1.0
)
```

Para dificultar extração:

- Limite taxa de requisições por IP

- Responda com probabilidades discretizadas ou rótulos, não scores contínuos

- Monitore padrões de queries suspeitas

Compliance e regulamentações

Conformidade legal é um requisito obrigatório. As principais regulamentações em vigor incluem:

- LGPD – Lei Geral de Proteção de Dados (Brasil)

- GDPR – General Data Protection Regulation (Europa)

- HIPAA – Health Insurance Portability and Accountability Act (EUA)

- CCPA – California Consumer Privacy Act

Pontos críticos de conformidade:
- Consentimento explícito do titular

- Finalidade clara para coleta e uso

- Direito à exclusão e portabilidade

- Transparência nas decisões automatizadas

- Avaliação de impacto de proteção de dados (DPIA)

Projetos devem registrar:
- Quais dados são coletados

- Onde são armazenados

- Por quem são acessados

- Por quanto tempo são retidos

- Como são excluídos ou anonimizados

Organizações devem nomear um DPO (Data Protection Officer), manter políticas públicas de privacidade e registrar incidentes com notificação obrigatória ao titular e à autoridade nacional em até 72 horas.

Em modelos automatizados com impacto direto (crédito, saúde, justiça), é obrigatória a explicabilidade, revisão humana e contestação por parte do titular.

Resolução de Erros Comuns

Erro: "Data leakage detected"
Causa provável: Atributo sensível foi incluído no treino ou na inferência.
Solução recomendada: Aplicar validação de colunas antes do treino com assert ou lista branca de features.

Erro: "Access denied" em leitura de dados sensíveis
Causa provável: Políticas IAM mal configuradas ou falta de permissão explícita.
Solução recomendada: Verificar papel do usuário, política anexa e escopo da requisição.

Erro: "Request blocked by WAF"
Causa provável: Requisição com payload suspeito ou padrão de ataque detectado.
Solução recomendada: Validar headers, evitar requisições

diretas a endpoints sensíveis e respeitar limites.

Erro: "Model inference reveals training data"
Causa provável: Overfitting com dados sensíveis não anonimizados.
Solução recomendada: Aplicar regularização, cross-validation e análise de vulnerabilidade de membership.

Boas Práticas

- Classifique os dados por sensibilidade logo na ingestão.

- Use criptografia ponta a ponta e tokens temporários para compartilhamento.

- Audite acesso a cada leitura, não apenas a cada exportação.

- Mantenha logs imutáveis com retenção mínima de 12 meses.

- Treine modelos em ambientes isolados, sem acesso à internet direta.

- Rotacione credenciais automaticamente e use secrets manager.

- Evite incluir identificadores únicos no input de predição.

- Realize pentests regulares com foco em evasão, extração e inferência.

- Documente a base legal de cada feature usada nos

modelos.

- Use consentimento granular e revogável, com logs de aceite.

Resumo Estratégico

Segurança e privacidade não são barreiras para a ciência de dados. São os fundamentos que garantem sua legitimidade, durabilidade e confiança. Um pipeline tecnicamente avançado, mas juridicamente frágil ou eticamente negligente, compromete não apenas o resultado do projeto, mas a reputação da organização e os direitos dos indivíduos.

Proteger dados é proteger pessoas. E proteger modelos é proteger decisões. A engenharia de segurança não começa depois. Ela é parte do design. Desde o primeiro input até o último byte retornado. E quem estrutura a segurança como parte do core do pipeline entrega não apenas performance, mas confiança. E onde há confiança, há continuidade. Em escala. Com responsabilidade. E com impacto real.

CAPÍTULO 27. DATA GOVERNANCE E CATALOGAÇÃO

A transformação de dados em ativos estratégicos requer não apenas tecnologia e ciência, mas estrutura, controle e clareza sobre os fluxos de informação. Data governance é a disciplina que sustenta esse processo, assegurando que os dados sejam gerenciados com qualidade, segurança, rastreabilidade e alinhamento às necessidades da organização. Mais do que controle, governança é arquitetura para escalar valor com responsabilidade.

Um pipeline sem governança é um risco técnico e regulatório. Um pipeline governado é um motor de confiabilidade, onde cada atributo tem dono, cada origem tem rastreabilidade, cada métrica tem contexto e cada entrega tem qualidade monitorada. A governança não limita a ciência de dados – ela sustenta sua expansão.

Este módulo apresenta os pilares técnicos da governança de dados, com foco em metadados, linhagem, catalogação, qualidade, conformidade, master data e integração entre times de dados e áreas de negócio, aplicando ferramentas modernas e estrutura TECHWRITE.

Metadados, linhagem e catálogo de dados

Metadados são os dados sobre os dados. São a camada semântica que descreve o que, de onde, por quem, quando, como e por quê um dado foi criado, transformado e disponibilizado.

Classificações essenciais de metadados:

- Metadados técnicos: tipos de dados, esquema, tamanhos, tabelas, nomes de campos, tipos de arquivo.

- Metadados de negócio: significado do campo, unidade de medida, aplicabilidade, periodicidade, sensibilidade.

- Metadados operacionais: frequência de atualização, volumes, logs de leitura, data de último uso.

A *linhagem de dados* (data lineage) representa o caminho completo do dado: desde a ingestão, passando por transformações, junções, agregações, até a disponibilização em dashboards, modelos ou APIs.

Exemplo de um fluxo de linhagem:

plaintext

```
base_erp.clientes -> bronze.clientes_raw ->
silver.clientes_limpos -> gold.clientes_enriquecidos ->
modelo_risco
```

Esse mapeamento deve ser automático, visual e auditável. Ferramentas que suportam lineage incluem:

- OpenMetadata

- Apache Atlas

- DataHub

- Amundsen

- Collibra

A *catalogação de dados* estrutura e organiza todos os ativos disponíveis, com busca inteligente, tagging, classificação por sensibilidade, proprietário (data owner) e avaliação de qualidade.

A construção de um catálogo inclui:

- Indexação automática de tabelas, colunas e arquivos

- Associação de dicionário de dados e glossário de negócios

- Permissões de acesso com granularidade

- Comentários, curadoria e aprovação de uso

Em projetos de analytics, o catálogo reduz duplicidade, evita retrabalho, acelera descoberta de dados e melhora comunicação entre áreas técnicas e executivas.

Qualidade, conformidade e master data

A qualidade dos dados não é subjetiva. Ela é medida por critérios como:

- Completude: proporção de campos não nulos

- Consistência: conformidade entre valores e regras de negócio

- Acurácia: correspondência com a realidade observada

- Atualidade: tempo desde a última atualização

- Unicidade: ausência de duplicatas

- Validação semântica: formato, padrão, valores permitidos

Pipelines de validação devem aplicar *asserts* automáticos:

python

```python
assert df['idade'].between(0, 120).all()
assert df['email'].str.contains('@').all()
assert df['cpf'].nunique() == len(df)
```

Frameworks como *Great Expectations* permitem criar suítes de testes com documentação viva:

python

```python
from great_expectations.dataset import PandasDataset


class ClienteDataset(PandasDataset):
    def expect_idade_entre_0_e_120(self):
        return
self.expect_column_values_to_be_between('idade', 0, 120)
```

Esses testes são incorporados à pipeline e bloqueiam a promoção de dados com falhas para os ambientes analíticos e de modelagem.

A *conformidade* assegura que os dados estão em alinhamento com normas internas, regras fiscais, regulatórias e políticas de privacidade. Cada campo sensível deve estar classificado, protegido e acessível apenas com autorização explícita.

Master Data representa as entidades centrais da organização: clientes, produtos, fornecedores, contratos. Deve ser único, versionado, referenciado por todas as áreas e ter um fluxo de atualização controlado.

Pilares do Master Data Management (MDM):

- Governança centralizada das entidades

- Criação de chave única (ID global)

- Fluxos de aprovação para atualização

- Sincronização com sistemas legados

- Validação de consistência em múltiplos domínios

A ausência de master data gera relatórios imprecisos, modelos enviesados, campanhas duplicadas e erros contábeis.

Ferramentas de governança e pipelines de auditoria

A implementação de data governance envolve ferramentas, mas não se limita a elas. Requer processo, automação e disciplina.

Ferramentas especializadas:

- OpenMetadata: open-source com suporte a lineage, glossary e políticas

- DataHub: integração com Spark, Airflow, dbt, Kafka e MLFlow

- Amundsen: catálogo leve com busca semântica e uso colaborativo

- Collibra e Informatica: soluções corporativas com compliance avançado

Exemplo de pipeline de auditoria com Airflow:

python

```
from airflow import DAG
from airflow.operators.python import PythonOperator

def validar_tabelas():
    assert df['cpf'].str.len().eq(11).all()
    assert df['data_nasc'].max() < pd.Timestamp.now()

dag = DAG('auditoria_dados', schedule_interval='@daily',
start_date=datetime(2023,1,1))

validar = PythonOperator(
    task_id='validar_campos',
    python_callable=validar_tabelas,
    dag=dag
)
```

Esse pipeline dispara alertas em caso de violação, registra logs em base auditável e impede publicação de datasets comprometidos.

A governança se conecta também com pipelines de ML. Cada modelo deve registrar:

- Fonte dos dados

- Transformações aplicadas

- Versão dos datasets

- Metadados das features utilizadas

Esse registro deve ser acessível por auditores internos e revisores externos em casos regulatórios ou legais.

Integração com áreas de negócio

Governança de dados é transversal. Não pertence apenas à engenharia. Deve ser co-criada com as áreas de negócio, que conhecem o contexto, a sensibilidade, o uso e o impacto de cada campo.

Responsabilidades compartilhadas:

- Data Owner (negócio): aprova, interpreta e valida uso

- Data Steward (analista de dados): documenta, zela e orienta consumo

- Data Engineer: implementa pipelines e estrutura dados

- Compliance: valida risco e aderência legal

A criação de um *glossário de negócio* compartilhado reduz ambiguidade. Um campo como margem pode significar margem bruta, líquida ou operacional. Documentar essas definições é tão importante quanto limpar os dados.

Ferramentas colaborativas permitem:

- Curadoria de campos com descrição funcional

- Notas explicativas por atributo

- Histórico de alterações de schema

- Votação e comentários sobre qualidade

Essa integração gera alinhamento semântico e técnico entre os times. Evita retrabalho, acelera projetos e cria uma cultura de dados sólida.

Resolução de Erros Comuns

Erro: "Tabela com colunas não documentadas"
Causa provável: Fonte nova ou importada sem dicionário.
Solução recomendada: Automatizar validação de esquema contra catálogo. Bloquear ingestão sem metadados.

Erro: "Valor fora da faixa permitida"
Causa provável: Ausência de teste de qualidade na ingestão.
Solução recomendada: Aplicar Great Expectations ou assert com regras por campo.

Erro: "Dado duplicado no master data"
Causa provável: Falta de chave única ou controle de merge.
Solução recomendada: Aplicar validação com drop_duplicates e

validação com chave composta.

Erro: "Tabela acessível sem autenticação"
Causa provável: Permissão genérica no data lake ou warehouse.
Solução recomendada: Segmentar acessos por projeto, criar roles específicas e auditar logs de leitura.

Boas Práticas

- Implemente catálogo antes de liberar datasets para uso.

- Documente cada campo com descrição técnica, semântica e exemplo.

- Classifique dados por sensibilidade e regule acesso com tags.

- Valide todo dataset com regras automáticas de qualidade.

- Mantenha controle de versão e mudanças de schema em todos os níveis.

- Centralize master data com controle de ID e integridade referencial.

- Integre ferramentas de governança ao fluxo natural de engenharia.

- Promova cultura de dados com envolvimento ativo do

negócio.

Resumo Estratégico

Data governance é a infraestrutura invisível que sustenta decisões confiáveis. Não é sobre controle excessivo. É sobre permitir que os dados fluam com contexto, confiança e conformidade. A ciência de dados sem governança vira caos. A engenharia sem governança vira risco. E o negócio sem governança vira aposta.

Governar dados é dar nome, dono e lógica ao que se manipula. É saber de onde veio, por onde passou, quem usou, com que propósito, e com que impacto. E quando tudo isso está estruturado, os dados deixam de ser apenas ativos e se tornam alavancas.

Catalogar é dar clareza. Auditar é dar controle. Integrar é dar escala. Governar é dar confiança. E confiança é o único dado que não pode ser corrompido.

CAPÍTULO 28.
EXPERIMENTAÇÃO
ONLINE E MÉTRICAS

Experimentação online é a ponte entre desenvolvimento técnico e impacto real. É o mecanismo que valida se uma mudança na engenharia de produto, modelo de machine learning ou interface de usuário gera efeito mensurável em métricas de negócio. Em vez de suposições, experimentos fornecem evidência. Em vez de achismos, decisões baseadas em dados.

A engenharia de experimentação exige controle estatístico, métricas bem definidas, segmentação clara de público, acompanhamento contínuo e análise rigorosa. Sem isso, qualquer experimento corre o risco de gerar falsas conclusões, enviesar decisões e comprometer a confiança na cultura de dados.

Este módulo apresenta a estrutura técnica e prática da experimentação online, incluindo testes A/B, abordagens bayesianas, experimentos multivariados, definição de métricas acionáveis, ferramentas de instrumentação e análise de impacto com rastreabilidade total. O foco é construir pipelines de teste como componentes centrais de aprendizado contínuo.

A/B testing, bayesian testing e experimentos multi-variados

Testes A/B são o formato mais direto de experimentação: duas versões são comparadas sob controle de variáveis e aleatorização. A versão A é o controle (baseline), a versão B é a variante. O tráfego é dividido aleatoriamente e o desempenho é medido em uma ou mais métricas.

Estrutura mínima:

python

```
import scipy.stats as stats


conversao_A = 0.12
conversao_B = 0.15
n_A = 1000
n_B = 1000


p_A = conversao_A * n_A
p_B = conversao_B * n_B


z_score, p_value = stats.ttest_ind_from_stats(
    mean1=conversao_A, std1=(conversao_A*(1-
conversao_A))**0.5, nobs1=n_A,
    mean2=conversao_B, std2=(conversao_B*(1-
conversao_B))**0.5, nobs2=n_B
)


print("p-value:", p_value)
```

Se o p-value for inferior a 0.05, considera-se a diferença estatisticamente significativa. Mas isso depende do contexto, da duração, do efeito esperado e do volume de dados.

Testes bayesianos oferecem alternativa mais robusta em casos com amostras pequenas, decisões contínuas ou quando se deseja calcular diretamente a probabilidade de superioridade de uma variante. Utilizam distribuição posterior para comparar efeitos.

python

```python
import numpy as np
from scipy.stats import beta


A_sucesso, A_total = 120, 1000
B_sucesso, B_total = 150, 1000


dist_A = beta(A_sucesso + 1, A_total - A_sucesso + 1)
dist_B = beta(B_sucesso + 1, B_total - B_sucesso + 1)


sim_A = dist_A.rvs(100000)
sim_B = dist_B.rvs(100000)


prob_B_melhor = (sim_B > sim_A).mean()
print(f"Probabilidade de B ser melhor: {prob_B_melhor:.3f}")
```

Esse método permite interromper experimentos mais cedo, otimizar ciclos de iteração e balancear risco com evidência.

Testes multivariados (MVT) expandem o A/B para múltiplas variantes e múltiplos fatores. Por exemplo, testar cores de botão e texto simultaneamente:

- A1 + B1

- A1 + B2

- A2 + B1

- A2 + B2

Esses testes exigem maior volume de usuários e controle estatístico para evitar sobreajuste. O design fatorial pode ser aplicado para inferir interações entre variáveis com menor custo amostral.

Definição de métricas de negócio e produto

Métricas de experimentos não são apenas técnicas. Elas devem refletir objetivos reais de produto, operação ou experiência do usuário.

Classificação das métricas:

- **Métricas primárias**: definem sucesso do experimento (ex: taxa de conversão, tempo médio no app, receita por usuário).

- **Métricas secundárias**: ajudam a interpretar efeitos colaterais (ex: tempo de carregamento, taxa de erro, taxa de cancelamento).

- **Métricas de guardrail**: não podem piorar (ex: disponibilidade, segurança, satisfação do cliente).

Exemplo de métrica combinada:

python

```
# Receita líquida por sessão
receita_total / total_sessoes
```

A métrica ideal é:

- Específica ao experimento

- Sensível à mudança

- Imune a ruído externo

- Representativa de valor real

Toda métrica deve ser definida com:

- Nome técnico e descritivo

- Fórmula de cálculo

- Frequência de atualização

- Fonte dos dados

- Responsável pela validação

Sem clareza métrica, experimentos geram confusão. Com estrutura métrica, cada iteração gera aprendizado cumulativo.

Ferramentas de tracking e ablação de features

Rastrear interações de usuários é pré-requisito para qualquer experimento. Isso envolve:

- Instrumentação de eventos: cliques, scrolls, conversões

- Atribuição de sessões a variantes

- Versionamento do experimento

- Coleta em tempo real com tolerância a falhas

Plataformas com suporte nativo:
- Mixpanel

- Segment

- Google Analytics 4

- Amplitude

- Snowplow

- PostHog

Instrumentação básica com evento:

javascript

```javascript
analytics.track("click_botao_cadastro", {
  variante: "B",
  user_id: "user_123",
  sessao: "sessao_abc",
  timestamp: Date.now()
})
```

Esses dados são enviados para sistemas de armazenamento como Redshift, BigQuery ou DataLake para análise posterior.

Ablação de features é a técnica de remover atributos do modelo de forma sistemática para entender seu impacto isolado. Pode ser aplicada como experimento técnico para avaliar robustez e importância de variáveis.

python

```python
from sklearn.metrics import f1_score


for coluna in X_train.columns:
    X_tmp = X_train.drop(columns=[coluna])
    modelo.fit(X_tmp, y_train)
    y_pred = modelo.predict(X_test.drop(columns=[coluna]))
    print(f"Removendo {coluna}: F1 = {f1_score(y_test, y_pred):.3f}")
```

Essa técnica gera entendimento causal interno do modelo e auxilia na explicabilidade e priorização de coleta.

Processos de decisão baseados em dados

A experimentação não termina na coleta de dados. Ela precisa ser interpretada, contextualizada e traduzida em decisão. Isso requer:

- Painel de visualização com evolução das métricas

- Testes estatísticos automatizados

- Registros versionados dos experimentos

- Comparação entre variantes com confiança estatística

- Registro da decisão (promover, reverter, re-testar)

Processo recomendado:

1. Definição clara de hipótese

2. Registro do experimento com ID, dono e duração

3. Execução com randomização e tracking

4. Análise de métricas com controle de significância

5. Documentação do resultado com explicação da decisão

6. Promover para 100% ou arquivar com aprendizado

Ferramentas que suportam ciclo completo:

- GrowthBook

- Optimizely

- Evidently

- Arize

- Metarank

A cultura de experimentação é sustentada por decisão baseada em evidência. E isso só acontece quando o processo é estruturado para permitir rastreabilidade e comparação reprodutível.

Resolução de Erros Comuns

Erro: "False positive: resultado parece bom, mas não é real"
Causa provável: Múltiplas comparações sem correção ou duração curta.
Solução recomendada: Aplicar correção de Bonferroni ou testes bayesianos.

Erro: "Underpowered experiment"
Causa provável: Tamanho de amostra insuficiente.
Solução recomendada: Calcular previamente o sample size necessário com poder estatístico.

Erro: "Tracking inconsistente entre variantes"
Causa provável: Versões com eventos nomeados de forma diferente.
Solução recomendada: Padronizar eventos e validar schema antes do lançamento.

Erro: "Impacto detectado, mas sem significância"
Causa provável: Variação real pequena ou ruído elevado.
Solução recomendada: Repetir com amostra maior ou considerar métrica alternativa mais sensível.

Boas Práticas

- Documente cada experimento com nome, hipótese, métrica, dono, duração e status.

- Mantenha histórico de resultados, mesmo os "negativos".

- Use IDs únicos e timestamps para identificar cada execução.

- Aplique controles de variância com stratification e *guardrails*.

- Evite reatribuir usuários a variantes no meio do teste.

- Use visualizações cumulativas e rolling metrics para estabilidade.

- Limite o número de experimentos simultâneos sobre o mesmo público.

- Trate dados de experimentos como dados de produção: confiáveis, versionados e auditáveis.

Resumo Estratégico

A experimentação é o mecanismo mais poderoso de aprendizado que um sistema pode ter. É a forma com que produtos evoluem com rigor, equipes aprendem com segurança e decisões se alinham ao valor real. Modelos podem prever. Dados podem descrever. Mas só experimentos podem confirmar.

Uma cultura de experimentação exige processo, ferramentas e mentalidade. Requer que cada hipótese seja testável, cada métrica seja rastreável e cada decisão seja explicável. E quando essa cultura se estabelece, a evolução deixa de ser uma aposta e passa a ser uma construção.

Medir é o primeiro passo. Testar é o segundo. Decidir com

base em resultado é o que transforma dados em vantagem competitiva contínua. E isso só é possível com experimentação bem estruturada. Em escala. Com método. E com clareza absoluta de impacto.

CAPÍTULO 29. DASHBOARDS INTERATIVOS E DATA APPS

A transformação de dados em ação depende de acessibilidade, visualização e interatividade. Modelos e análises têm valor limitado se não forem entregues de forma clara, acionável e alinhada às necessidades reais do usuário. Dashboards interativos e data apps preenchem essa lacuna. São a camada de interface entre a inteligência analítica e a tomada de decisão.

O avanço de bibliotecas como Streamlit, Plotly e Dash permitiu que engenheiros de dados, cientistas e analistas construam aplicações leves, responsivas e conectadas a fontes vivas de informação, sem depender de times front-end. Com integração nativa a APIs, bancos de dados e modelos preditivos, esses apps se tornaram o canal preferencial para entregar valor de forma rápida e visual.

Este capítulo apresenta a construção técnica de dashboards interativos e aplicações de dados com foco em Streamlit e Plotly, cobrindo deploy, integração, segurança e boas práticas para produção de experiências confiáveis e impactantes.

Construção de painéis com Plotly e Streamlit

O Streamlit oferece uma estrutura declarativa simples e poderosa para transformar scripts Python em interfaces web reativas. Seu modelo de execução reinterpreta o script a cada interação, garantindo estado sincronizado com as entradas do usuário.

Instalação e inicialização:

bash

```bash
pip install streamlit plotly
streamlit run app.py
```

Estrutura básica com gráficos interativos:

python

```python
import streamlit as st
import plotly.express as px
import pandas as pd

df = pd.read_csv('dados.csv')
st.title('Painel de Vendas')

categoria = st.selectbox('Escolha a categoria:',
df['categoria'].unique())
filtro = df[df['categoria'] == categoria]

fig = px.line(filtro, x='data', y='vendas', title='Evolução de
Vendas')
st.plotly_chart(fig)
```

Componentes principais do Streamlit:

- st.sidebar: **entradas laterais para navegação**

- st.slider, st.selectbox, st.date_input: **controles de filtro**

- st.metric: **exibição rápida de KPIs**

- st.dataframe: **exibição interativa de tabelas**

- st.file_uploader: **carregamento de arquivos**

- st.download_button: **exportação de resultados**

- st.session_state: **armazenamento de estado entre interações**

Para painéis com múltiplas seções:

python

```
aba = st.sidebar.radio("Navegação", ['Resumo', 'Gráfico', 'Tabela'])

if aba == 'Resumo':
    st.metric("Total", df['vendas'].sum())
elif aba == 'Gráfico':
    st.plotly_chart(fig)
elif aba == 'Tabela':
    st.dataframe(filtro)
```

Gráficos com Plotly permitem zoom, hover, seleção e exportação:

python

```
fig = px.bar(df, x='produto', y='lucro', color='regiao')
```

Esses elementos tornam a experiência interativa e exploratória, favorecendo descoberta de insights e análise dinâmica.

Deploy em ambientes de produção

Aplicações Streamlit podem ser executadas localmente, hospedadas em servidores cloud ou integradas a pipelines contínuos de deploy.

Deploy rápido com Streamlit Cloud:

- Login com GitHub

- Conexão com repositório

- Definição de requirements.txt

- Autodeploy a cada push

Deploy customizado com Docker:

Dockerfile

```
FROM python:3.9
WORKDIR /app
COPY . .
RUN pip install -r requirements.txt
EXPOSE 8501
CMD ["streamlit", "run", "app.py", "--server.port=8501", "--server.enableCORS=false"]
```

Com `docker build -t dataapp .` e `docker run -p 8501:8501 dataapp`, a aplicação está disponível via browser.

Deploy com controle avançado:

- Nginx como reverse proxy para roteamento e segurança

- TLS com Let's Encrypt

- Autenticação via SSO ou OAuth2

- Monitoramento com Prometheus e Grafana

Hospedagem escalável:

- AWS EC2 ou Fargate

- Google Cloud Run

- Azure App Service

- Heroku ou Fly.io para protótipos rápidos

O deploy deve garantir:

- Disponibilidade contínua

- Logs centralizados

- Versionamento de código e dependências

- Estratégia de rollback em falhas

Integração com APIs e bancos de dados

Painéis podem consumir dados de APIs REST ou GraphQL em tempo real, permitindo dashboards sincronizados com sistemas externos.

python

```python
import requests

resposta = requests.get("https://api.exemplo.com/vendas?data=2024-01")
dados_api = resposta.json()
df = pd.DataFrame(dados_api)
```

Para bancos relacionais:

python

```python
import sqlalchemy

engine = sqlalchemy.create_engine('postgresql://usuario:senha@host:porta/db')
df = pd.read_sql("SELECT * FROM vendas WHERE data > CURRENT_DATE - INTERVAL '30 days'", engine)
```

Para bases NoSQL:

- MongoDB: com pymongo

- Firebase: com firebase_admin

- Redis: para cache de sessões

Recomenda-se:

- Conexões com retry e timeout

- Query parametrizada com filtros do app

- Pool de conexões em ambientes com muitos acessos

Para modelos de machine learning embarcados:

python

```
import joblib


modelo = joblib.load('modelo.pkl')
entrada = st.number_input("Valor de entrada", 0, 1000)
resultado = modelo.predict([[entrada]])
st.write(f"Resultado da previsão: {resultado[0]}")
```

Isso permite aplicações que não apenas exibem dados, mas entregam inferência em tempo real com rastreabilidade total.

Distribuição e controle de acesso

Aplicações expostas na web devem respeitar controle de acesso proporcional à sensibilidade dos dados. Estratégias comuns incluem:

- Autenticação por login e senha

- Integração com OAuth2 (Google, GitHub, Auth0)

- Controle por IP (whitelist)

- SSO empresarial com OpenID Connect

- Tokens temporários e cookies assinados

Para autenticação simples:

python

```python
import streamlit_authenticator as stauth


users = {"user1": {"name": "Ana", "password": "senha123"}}
authenticator = stauth.Authenticate(users, "app_cookie",
"signature_key", cookie_expiry_days=1)
nome, autentico, username = authenticator.login("Login",
"main")
```

Para controle por grupo:

- Definir níveis de permissão por rota

- Esconder elementos com if role == 'admin'

- Limitar acesso a seções específicas

Distribuição interna:

- Deploy em intranet com autenticação corporativa

- Versionamento de releases por branch

- Logs de acesso com IP e timestamp

Distribuição pública:

- Limitar escopo dos dados

- Anonimizar outputs

- Habilitar CORS apenas quando necessário

- Monitorar tráfego e bloquear abuso

Cada app deve ter documentação de acesso, responsáveis, logs de erro e plano de contingência.

Resolução de Erros Comuns

Erro: "Streamlit cannot open browser"
Causa provável: Ambiente sem interface gráfica (como servidores remotos).
Solução recomendada: Acesse diretamente via IP:porta sem tentativa de abrir navegador.

Erro: "Connection refused" ao usar API
Causa provável: API protegida ou offline.
Solução recomendada: Verificar endpoint, autenticação e status do servidor.

Erro: "Too many open connections"
Causa provável: Conexões a banco sem encerramento.
Solução recomendada: Use with engine.connect() ou dispose() após cada uso.

Erro: "App muito lento com muitos dados"
Causa provável: Exibição de tabelas completas sem paginação.
Solução recomendada: Use filtros e st.dataframe(df.head(100)) com paginação manual.

Boas Práticas

- Estruture o app em funções com separação clara entre layout, lógica e dados.

- Use cache (@st.cache_data) para evitar requisições repetidas e acelerar resposta.

- Documente o propósito de cada aba, métrica e gráfico no app.

- Mantenha os dados em formato mínimo necessário (evite collect() completo de Big Data).

- Aplique temas consistentes e padronizados para facilitar uso.

- Adicione validações nas entradas para evitar erros de execução.

- Teste com diferentes tamanhos de tela, redes e

dispositivos.

- Gere logs de interação (tempo, filtros, ações) para análise posterior.

- Versione o app com Git e registre mudanças no changelog.

Resumo Estratégico

Dashboards interativos e data apps são o ponto de contato entre o dado e a decisão. São onde a inteligência se torna visível, explorável e aplicável. Quando bem construídos, eliminam barreiras técnicas, ampliam o acesso ao valor analítico e aceleram a ação.

Mais do que gráficos, são plataformas. Mais do que filtros, são interfaces. E mais do que visualização, são ferramentas operacionais.

A engenharia de data apps exige clareza de estrutura, controle de performance, segurança e empatia com o usuário. Porque o objetivo final não é mostrar dados. É ativar decisões. E cada app bem construído é um canal direto entre o insight e o impacto.

CAPÍTULO 30. ORQUESTRAÇÃO AVANÇADA E AI AGENTS

À medida que pipelines de dados e machine learning se tornam mais sofisticados, cresce a necessidade de orquestrar não apenas tarefas, mas decisões, ciclos adaptativos e comportamentos autônomos. A engenharia de fluxo isolado dá lugar à engenharia de sistemas cognitivos. O Python, enquanto ecossistema dominante, lidera essa transformação técnica ao integrar orquestração avançada com agentes de IA autônomos, capazes de agir, aprender, interagir e evoluir em tempo real.

Orquestrar fluxos complexos não é mais apenas encadear tarefas. É integrar múltiplas fontes, modelos, decisões, contextos e outputs em sistemas vivos. AI Agents são a extensão dessa visão: entidades cognitivas encapsuladas em lógica, com acesso a dados, inferência, ferramentas e objetivos. Quando combinados, orquestração e agentes produzem sistemas adaptativos que não apenas executam, mas raciocinam, interagem e operam de forma contínua.

Este capítulo apresenta a estrutura prática para orquestração avançada de pipelines com múltiplos modelos, automação de retreinamento, coordenação entre agentes de IA e execução de análises autônomas com visão de longo prazo e domínio técnico completo.

Fluxos complexos de ML com múltiplas entradas

Cenários reais exigem que pipelines lidem com múltiplas

fontes, formatos e eventos em paralelo. Isso requer modelagem de grafos de execução onde cada nó representa uma tarefa com dependências explícitas, e o fluxo responde dinamicamente à entrada.

Frameworks recomendados:

- Apache Airflow

- Prefect 2.0

- Dagster

- Metaflow

- Flyte

Exemplo com Prefect:

python

```python
from prefect import flow, task


@task
def extrair_api():
    ...


@task
def processar_csv():
    ...


@task
```

```python
def treinar_modelo(dados_1, dados_2):
    ...


@flow
def pipeline_completa():
    d1 = extrair_api()
    d2 = processar_csv()
    treinar_modelo(d1, d2)


pipeline_completa()
```

Prefect permite:

- Condicionalidade dinâmica (if, switch)

- Controle de estado e retry por tarefa

- Observabilidade embutida

- Execução local, cloud ou híbrida

- Orquestração por tempo, evento ou sensor externo

Com múltiplas entradas, cada origem deve ser tratada com:

- Validação semântica

- Checagem de schema

- Controle de integridade

- Identificação de partição

Orquestrar múltiplos fluxos em paralelo com sincronização:

python

```python
from prefect.tasks import task_input_hash
from datetime import timedelta


@task(cache_key_fn=task_input_hash,
cache_expiration=timedelta(days=1))
def enrich(dados):
    ...


@flow
def orquestrador():
    resultados = []
    for fonte in ['erp', 'crm', 'logs']:
        dados = carregar(fonte)
        resultado = enrich(dados)
        resultados.append(resultado)
    combinar(resultados)
```

Isso permite tratamento independente por fonte, com reutilização de lógica e sincronização final.

Orquestração de modelos, retraining dinâmico e escalabilidade

A automação de retreinamento exige gatilhos baseados em:

- Volume de novos dados

- Drift estatístico

- Métricas de performance em produção

- Ciclos temporais (mensal, semanal)

Com Prefect:

python

```python
@task
def avaliar_drift():
    drift = calcular_drift()
    return drift > 0.2


@flow
def retrain_automatico():
    if avaliar_drift():
        dados = carregar_dados()
        modelo = treinar(dados)
        publicar(modelo)
```

O escalonamento horizontal é gerenciado por agentes Prefect, workers em Kubernetes ou filas Redis/Celery. Cada tarefa pode ter perfil de execução distinto:

- Memória dedicada

- GPU requerida

- Timeout customizado

- Nível de prioridade

Para modelos com alto custo de inferência:

- Deploy como microserviço com autoscaling

- Balanceamento de carga com NGINX ou Istio

- Pool de workers com containers otimizados

Treinamentos pesados devem ser enviados como jobs para ambientes isolados:

python

```
@task(task_run_name="Treino Spark", tags=["batch"])
def treinar_spark():
    subprocess.run(["spark-submit", "train.py"])
```

A persistência do histórico é feita via *artifacts*, *parameters*, *results* e *logs estruturados*, permitindo rastreabilidade total.

AI Agents para automação de análises e consultoria autônoma

AI Agents são estruturas que combinam:

- Objetivo específico (goal)

- Ferramentas disponíveis (tools)

- Memória contextual (memory)

- Capacidade de execução (action)

- Raciocínio iterativo (loop)

Bibliotecas como LangChain, Autogen e CrewAI implementam esse padrão com integração a modelos LLMs, ferramentas externas, bancos de dados, navegadores, arquivos e APIs.

Exemplo com LangChain:

python

```python
from langchain.agents import initialize_agent, Tool
from langchain.llms import OpenAI


def busca_base(query): ...
def prever_vendas(dados): ...


tools = [
    Tool(name="Busca", func=busca_base),
    Tool(name="Preditor", func=prever_vendas)
]


agente = initialize_agent(tools, OpenAI(temperature=0),
agent="zero-shot-react-description")


resposta = agente.run("Qual previsão de vendas para clientes
```

da região sul com ticket médio acima de 500?")

Com esse setup, o agente decide qual ferramenta chamar, com que parâmetros, em que sequência. A lógica não é hardcoded: é raciocinada.

Casos práticos de AI Agents:

- Analista de dados virtual: responde perguntas com base em bases reais

- Agente de compliance: verifica regras e riscos sobre planilhas ou documentos

- Model retrainer: identifica quando retreinar e executa todo fluxo

- Simulador de cenários: responde perguntas hipotéticas com dados e lógica combinada

A integração com orquestradores permite agentes como *tasks inteligentes* que atuam dentro de pipelines.

Evolução contínua e visão de futuro no ecossistema Python

A interseção entre orquestração e AI Agents inaugura uma nova camada de engenharia: a engenharia de inteligência operacional.

Perspectivas de evolução:

- Orquestração *auto-adaptativa*: fluxos que se reconfiguram com base em feedback

- Agentes compostos: times de agentes com divisão de

tarefas e coordenação

- Runtime orientado a intenção: o sistema entende *o que fazer*, não só *como fazer*

- Infraestrutura semântica: APIs que interagem com dados e usuários por linguagem natural

- Pipelines assíncronos com decisões autônomas, reavaliação de objetivos e ajustes dinâmicos

A base técnica está posta. A maturidade depende da padronização, confiabilidade e auditabilidade desses agentes em escala. Python lidera esse movimento por sua extensibilidade, comunidade e interoperabilidade.

A engenharia que antes conectava scripts, agora conecta inteligências. O pipeline vira um sistema vivo, onde modelos, dados e agentes atuam como unidades conscientes de tarefa, contexto e meta.

Resolução de Erros Comuns

Erro: "Flow never completes"
Causa provável: Task com loop ou dependência circular.
Solução recomendada: Verificar recursividade e usar timeout explícito.

Erro: "Agent not picking up flow run"
Causa provável: Worker mal registrado ou configuração incorreta.
Solução recomendada: Validar token, etiquetas e logs do agente.

Erro: "Agent exceeded memory"
Causa provável: Task rodando local com volume elevado sem particionamento.
Solução recomendada: Reparticionar tarefa ou mover para cluster dedicado.

Erro: "Agent loop fails to converge"
Causa provável: Agente de IA com raciocínio infinito.
Solução recomendada: Limitar número de passos, tokens ou ciclos.

Boas Práticas

- Modele fluxos como DAGs explícitos com lógica modular.

- Armazene resultados intermediários para debugging e reuso.

- Separe lógica de negócio da lógica de execução.

- Documente cada agente com *goal, tools, memory, constraints.*

- Use simuladores antes de publicar agentes com poder de ação real.

- Integre logging semântico nos agentes para análise de decisões.

- Planeje fallback manual para falhas graves de orquestração.

- Valide cada etapa do raciocínio antes de dar permissão a chamadas externas.

Resumo Estratégico

A engenharia de dados e IA não caminha mais sozinha. Ela interage, decide, consulta, ajusta e evolui. Orquestração avançada e AI Agents são os pilares dessa nova era operacional, onde sistemas não são apenas automatizados, mas também inteligentes. Não executam apenas regras. Executam intenção.

Ao unir pipelines reativos com agentes cognitivos, cria-se um ecossistema onde dados fluem com lógica, decisões emergem com contexto e tarefas se reorganizam com inteligência. Essa convergência exige domínio técnico, arquitetura de confiança e visão de futuro.

Porque o próximo nível da engenharia não é mais *fazer funcionar*. É *fazer pensar*. Com código. Com contexto. Com propósito. E Python, mais uma vez, é o idioma em que essa revolução é escrita.

CONCLUSÃO FINAL. DA TÉCNICA À INTELIGÊNCIA APLICADA

Ao longo desta jornada técnica, consolidamos o domínio profundo de cada estágio essencial para ciência de dados aplicada em nível extremo. Construímos não apenas pipelines e modelos, mas um ecossistema completo de engenharia inteligente, do dado bruto à decisão autônoma. Cada capítulo foi arquitetado para entregar não apenas teoria, mas aplicação clara, escalável, segura e funcional — em produção, com visão de longo prazo.

Dominamos a manipulação de dados com *Pandas* e *NumPy*, transformando bases caóticas em estruturas robustas e vetorizadas. Aprendemos a ler, limpar, normalizar e preparar dados com qualidade, respeitando contextos e limites computacionais. Internalizamos o poder das *visualizações técnicas*, da análise estatística e da engenharia de *features* que criam diferencial real.

Entramos no núcleo da modelagem supervisionada com regressão, classificação e árvores de decisão, compreendendo as métricas, os riscos, os vieses e as estratégias de validação. Evoluímos para *deep learning* com redes neurais e sua extensão em *séries temporais*, compreendendo sua aplicação prática com rigor computacional e operacional.

Aprendemos a escalar com *Spark*, orquestrar com *Airflow* e estruturar sistemas com *MLOps* — do CI/CD ao deploy. Dominamos *monitoramento, retraining, segurança, drift* e *compliance*, estruturando modelos que não apenas funcionam, mas sobrevivem. Criamos sistemas que aprendem, monitoram e se ajustam. Modelos que não apenas respondem, mas evoluem.

Passamos por *recomendações, NLP, experimentos online, dashboards interativos, data governance, segurança, agentes inteligentes* e *orquestração adaptativa*. Construímos, validamos, documentamos, escalamos. Testamos hipóteses, conduzimos experimentos, interpretamos resultados com profundidade estatística e impacto real.

Resumo fluido dos capítulos principais

Iniciamos com fundamentos sólidos: manipulação de dados, normalização, qualidade e estrutura vetorial com Pandas e NumPy.

Avançamos para leitura e parsing de dados reais, incluindo CSVs, JSONs, Excel e grandes volumes em Parquet e chunks.

Exploramos DataFrames com maestria, incluindo groupby, transformações funcionais e otimização de memória.

Tratamos limpeza, outliers, valores ausentes, aplicando técnicas robustas de imputação e wrangling automatizado.

Aprofundamos em visualizações técnicas com Matplotlib e Seaborn, transformando dados em gráficos explicativos e contextuais.

Exploramos computação distribuída com Dask, Modin e Spark, permitindo escalar processamento e paralelismo.

Aprendemos feature engineering em nível avançado, incluindo redução de dimensionalidade, encoding e análise estatística.

Estatística aplicada e modelos de regressão, regularização e classificação supervisionada formaram nossa base preditiva.

Exploramos algoritmos como Random Forests, redes neurais densas, e modelos probabilísticos, sempre com validação cruzada e ajuste fino.

Fomos além com NLP, embeddings, transformers e análises textuais automatizadas, utilizando linguagem como vetor técnico de predição.

Estruturamos sistemas com MLOps, versionando código, dados, experimentos e modelos, garantindo rastreabilidade total.

Tratamos deploy com Flask, FastAPI, Docker e Cloud, tornando predição acessível, escalável e segura.

Construímos orquestrações robustas, integrando re-treinamento automático, pipelines paralelos e múltiplas fontes.

Adotamos governança, segurança e privacidade como pilares operacionais, com anonimização, conformidade e controle auditável.

Implementamos experimentação online com testes A/B, bayesianos, ablação e métricas reais de produto.

Finalizamos com AI Agents, orquestração inteligente e visão futura de engenharia adaptativa, entregando sistemas com autonomia real.

O poder da análise extrema em cenários reais

Análise extrema é mais que técnica. É mentalidade. É transformar dados desorganizados em decisões autônomas. É escalar sem perder rastreabilidade. É operar sob pressão com precisão. É combinar profundidade estatística com arquitetura distribuída. É entregar inteligência onde ela importa: produção.

Em um mundo de dados infinitos, vence quem constrói sistemas confiáveis, escaláveis e interpretáveis. Quem domina a estrutura, a lógica e o impacto. Quem enxerga não apenas *o que* os dados dizem, mas *como* e *quando* isso precisa virar ação.

Este livro não é apenas um guia. É uma fundação. É onde

o conhecimento aplicado se transforma em sistema, produto, vantagem e, acima de tudo, impacto mensurável.

Obrigado por chegar até aqui. Este projeto foi escrito com o compromisso absoluto de entregar excelência técnica real. Cada linha, cada script, cada explicação foi pensada para ser útil, aplicável e durável. Se você chegou até este ponto, não é apenas um leitor. É um engenheiro de impacto. Alguém que transforma técnica em valor.

Que este conteúdo não fique parado. Que se transforme em projeto, em modelo, em sistema, em solução. E que, acima de tudo, ajude a construir um futuro mais inteligente, mais estruturado e mais eficiente — com Python no núcleo, e você na liderança.

Nos vemos na produção. E depois, na próxima evolução.

Cordialmente,
Diego Rodrigues & Equipe

www.ingramcontent.com/pod-product-compliance
Lightning Source LLC
LaVergne TN
LVHW022302060326
832902LV00020B/3228